어린이를 위한 100가지 야구 이야기

재미있고 공부가 되는 어린이 야구 상식

재미있고 공부가 되는
어린이
야구상식

글 · 그림 콘텐츠랩

들어가는 글 .....

규칙과 기록을 알면 더욱 재미있는 야구

우리나라에서 가장 인기 있는 스포츠는 무엇일까요?

저마다 자기가 좋아하는 종목을 이야기할 수 있겠지만, 뭐니 뭐니 해도 야구가 최고라고 할 만합니다. 직접 운동장에 가서 프로야구를 즐기는 관중만 해도 1년에 600만 명이나 되니까요.

우리나라 사람들이 그토록 야구에 열광하는 데는 그만한 이유가 있습니다. 무엇보다 우리나라의 야구 수준이 높기 때문이지요. 대한민국 야구 국가대표 팀은 2008년 베이징올림픽과 2009년 월드베이스볼클래식(WBC)에서 각각 우승과 준우승을 차지했습니다. 그뿐 아니라 2015년 프리미어12에서도 우승했지요.

어디 그뿐인가요. 개인의 능력도 뛰어나 여러 선수들이 미국 메이저리그 무대를 밟고 있습니다. 그러니 너나없이 야구 경기를 즐겨 보고, 스타플레이어들의 활약에 아낌없이 박수를 보낼 밖에요.

그런데 야구는 다른 스포츠 종목과 달리 경기 규칙이 까다로운 편입니다. 이런저런 기록도 복잡하게 설명되지요. 그런 까닭에 야구의 재미를 제대로 느끼려면 규칙과 기록의 의미를 확실히 이해해야 합니다. 만약 그런 기본 지식이 갖춰져 있지 않으면, 자칫 야구가 아주 따분하게 여겨질 수 있습니다.

여러분은 어떤가요?

아마도 많은 어린이들이 야구 규칙과 선수들의 기록이 갖는 의미를 잘 안다고 생각할 것입니다. 하지만 야구는 뜻밖에 헷갈리는 규칙이 적지 않고, 재미있는 기록도 굉장히 많습니다. 야구의 탄생과 발전 과정도 흥미롭고요.

『재미있고 공부가 되는 어린이 야구 상식, 어린이를 위한 100가지 야구 이야기』는 바로 그와 같은 이유에서 만들어졌습니다. 이 책은 야구에 대해 잘 모르거나, 정확히 알고 있지 못한 어린이들이 한 번쯤 꼭 읽어볼 필요가 있습니다. 이 책의 내용을 꼼꼼히 살펴보고 나서 야구를 본다면 이전보다 훨씬 더 재미를 느끼게 될 것입니다.

자, 그럼 우리 함께 야구 공부 좀 해볼까요? 아마도 이 책을 읽은 어린이 여러분은 친구들 사이에서 야구 박사로 통하게 될 것이 틀림없습니다.

차례

야구의 의미

야구를 한자로 쓰면 '野球'입니다.
'들 야(野)' 자에 '공 구(球)' 자를 쓰지요. 그러니까 야구라는 말에는
넓은 들판에서 공을 가지고 하는 게임이라는 뜻이 담겨 있습니다.
또한 야구는 영어로 '베이스볼(baseball)'이라고 합니다.
1루, 2루, 3루, 홈의 4개 베이스를 사용해서 붙여진 이름입니다.
바구니처럼 생긴 곳에 공을 집어넣는 게임이라는 의미에서
농구를 '바스켓볼(basketball)'이라고 하는 식입니다.

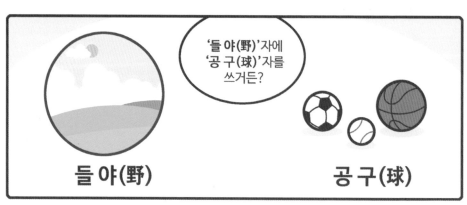

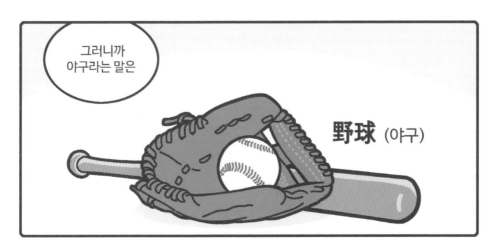

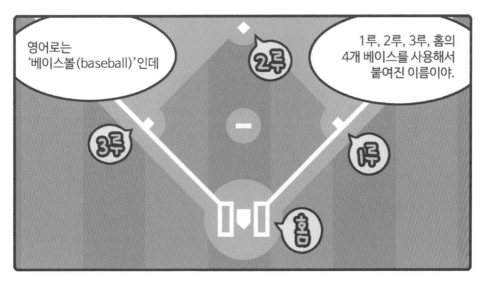

13

야구의 탄생

처음 야구가 시작된 역사에 대해서는 2가지 주장이 있습니다.
그 중 하나는 영국 사람들이 13세기부터 즐기던 크리켓이
라운더스라는 게임으로 변화하고, 그것이 미국에 전해져
오늘날의 야구가 되었다는 설입니다.
그리고 또 다른 주장은 1839년 군인이었던 애브너 더블데이라는 사람이
미국 뉴욕에서 최초로 야구를 만들어냈다는 설입니다.
2가지 주장 가운데 앞에 설명한 것이 좀더 설득력 있게 받아들여지고 있습니다.

프로야구의 시작

맨 처음 프로야구가 시작된 나라는 미국입니다.
1869년 최초의 프로 구단인 '신시내티 레드스타킹스'가 창단되었지요.
그 후 1875년 신시내티 · 세인트루이스 · 루이스빌 등에서
야구 팀이 생겨나 '내셔널리그'가 탄생했습니다.

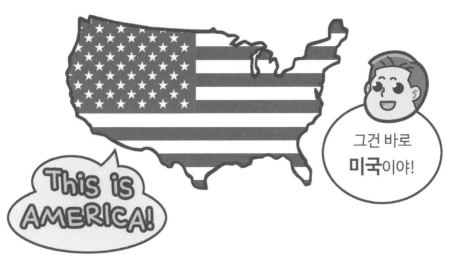

그건 바로 **미국**이야!

This is AMERICA!

1869년 최초의 프로구단인

'신시내티 레드스타킹스'가 창단되었어.

그후, 1875년 신시내티, 세인트루이스, 루이스빌 등에서 야구 팀이 생겨나

'내셔널리그'가 탄생했지.

내셔널리그와 아메리칸리그

프로야구에 대한 미국 관중들의 반응은 시작부터 뜨거웠습니다.
그에 따라 1882년 아메리칸 어소시에이션이라는
새로운 리그가 만들어졌고, 1901년 '아메리칸리그'로 발전했습니다.
그때부터 미국 프로야구는 내셔널리그와 아메리칸리그라는
양대 리그가 자리잡았습니다.

1901년에 들어서 **'아메리칸 리그'** 로 발전했지.

그때부터 미국 프로야구는 **내셔널리그**와 **아메리칸리그**라는 양대 리그가 자리 잡았어.

메이저리그

미국 프로야구의 양대 리그를 함께 일컫는 말입니다.
현재 내셔널리그 소속 15개 팀, 아메리칸리그 소속 15개 팀으로
이루어져 있습니다. 모두 30개 팀.
각 리그는 또다시 동부, 중부, 서구로 지구가 나뉘어 정규 시즌을 치릅니다.
메이저리그는 세계 최고의 무대라는 의미로 '빅리그'라고 불리기도 합니다.

현재 메이저리그는
총 30개 팀으로

내셔널 리그 소속 15개 팀,
아메리칸 리그 소속 15개 팀
으로 이루어져 있어.

중부지구	서부지구	동부지구	중부지구	서부지구	동부지구
디트로이트	오클랜드	탬파베이	애틀랜타	LA다저스	밀워키
시카고W	시애틀	뉴욕 양키스	워싱턴	샌프란시스코	St.루이스
미네소타	LA에인절스	토론토	필라델피아	콜로라도	피츠버그
클리블랜드	텍사스	볼티모어	뉴욕 메츠	샌디에이고	시카고C
캔자스시티	휴스턴	보스턴	마이애미	애리조나	신시내티

각 리그는 또 다시
동부, 중부, 서부로
지구가 나뉘어서
정규 시즌을 치르지.

● 서부
● 중부
● 동부

메이저리그는
세계 최고의
무대라는 의미로

아항

빅리그라고
불리기도 해.

마이너리그

미국 프로야구 메이저리그 아래 단계에 있는 리그입니다.
마이너리그에서 눈에 띄는 실력을 보이면 메이저리그 팀에서
뛸 기회를 얻지요. 선수들의 수준에 따라 크게 '트리플에이(AAA)',
'더블에이(AA)', '싱글에이(A)', '루키' 리그로 구분합니다.

마이너 리그란, 메이저 리그의 아래 단계에 있는 리그를 말해.

최상위 리그

하위 리그

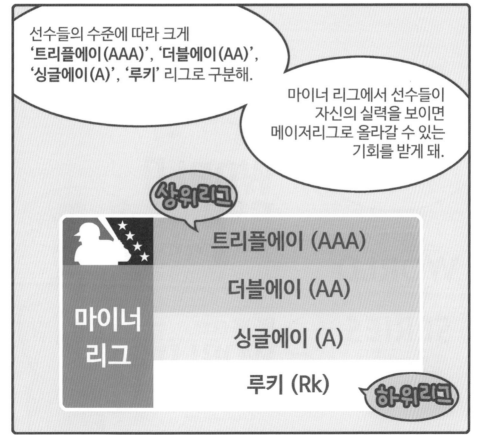

선수들의 수준에 따라 크게 '트리플에이(AAA)', '더블에이(AA)', '싱글에이(A)', '루키' 리그로 구분해.

마이너 리그에서 선수들이 자신의 실력을 보이면 메이저리그로 올라갈 수 있는 기회를 받게 돼.

상위리그

마이너 리그

트리플에이 (AAA)

더블에이 (AA)

싱글에이 (A)

루키 (Rk)

하위리그

월드시리즈

메이저리그는 정규 시즌을 통해 양 리그에서 우승한 2개 팀이
'월드시리즈'를 치릅니다. 이 말에는 미국 프로야구 최고의 팀이
전 세계에서 야구를 가장 잘한다는 자부심이 배어 있지요.
월드시리즈는 1903년에 처음 열렸습니다.
당시 상대는 내셔널리그의 '피츠버그 파이어리츠'와 아메리칸리그의
'보스턴 레드삭스'였습니다. 우승 팀은 보스턴 레드삭스.

뉴욕 양키스

'뉴욕 양키스'는 월드시리즈 최다 우승 팀으로 메이저리그
최고의 명문 팀으로 손꼽힙니다. 창단 연도는 1901년.
그 후 2023년까지 아메리칸리그 우승 40회,
월드시리즈 우승 27회의 눈부신 성적을 거뒀습니다.
그 뒤를 이은 월드시리즈 최다 우승 팀은 11번을 기록한
내셔널리그의 '세인트루이스 카디널스'입니다.

그 이유 중 하나는 월드시리즈 최다 우승팀이라는 점이지.

뉴욕 양키스는 2023년까지 아메리칸리그 우승 40회, 월드시리즈 우승 27회라는 눈부신 성적을 거뒀어.

따아-앙!

St. Louis Cardinals

월드시리즈 우승을 그다음으로 많이 우승한 팀은 11번의 우승을 기록한 내셔널리그의 '세인트루이스 카디널스'야.

27

일본 프로야구

일본 프로야구의 역사는 1936년부터 본격적으로 시작되었습니다. 당시에는 7개 팀이 있었는데, 1949년 1개 팀이 더 창단되면서 지금의 양대 리그가 자리잡았습니다. 현재 일본 프로야구의 양대 리그는 '센트럴리그'와 '퍼시픽리그'라는 이름으로 운영되고 있습니다. 각 리그마다 6개 팀씩 12개 팀이 있으며, 센트럴리그의 '요미우리 자이언츠'와 퍼시픽리그의 '소프트뱅크 호크스' 등이 대표적인 구단입니다.

옆 나라인 일본은
1936년부터 프로야구가
시작되었는데

미국과 같이
2개의 리그를
운영 중이야.

Nippon
Professional
Baseball

'센트럴 리그'와
'퍼시픽 리그'를
운영하고 있고

각 리그마다
6개의 팀씩
총 12개 팀이 있어.

센트럴리그

퍼시픽리그

각 리그의 대표적인
구단으로 센트럴리그의
'요미우리 자이언츠'와

퍼시픽리그의
'소프트뱅크 호크스'
등이 있어.

센트럴 리그 | 퍼시픽 리그

요미우리
자이언츠

소프트뱅크
호크스

대만 프로야구

대만은 프로야구의 인기가 아주 높은 나라입니다.
미국 · 일본 · 한국 등에는 못 미치지만 꽤 발달된 프로야구 리그를
운영하고 있지요. 1990년부터 시작된 대만 프로야구에는 5개 팀이
참여하고 있습니다(2024년부터 6개 팀으로 운영).
한때 7개 팀까지 운영된 적도 있었지만, 승부 조작이라는
황당한 사건이 벌어져 여러 구단이 팀을 해체했습니다.

미국(MLB), 일본(NPB), 한국(KBO) 등에는 못 미치지만

꽤 발달한 프로야구 리그를 운영 중이야.

삐질

1990년부터 시작한 대만 프로야구는 총 5개 팀으로 이루어져 있는데

2024년부터는 6개 팀으로 운영할 예정이야.

한때 7개 팀까지 운영된 적도 있었지만, 승부 조작이라는 황당한 사건이 벌어져 여러 구단이 팀을 해체했지.

아마추어 최강 쿠바 야구

쿠바는 중앙아메리카에 위치한 나라입니다.
사회주의 국가인 이 나라에는 프로야구 팀이 없습니다.
그럼에도 세계 최고 수준의 야구 실력을 갖고 있지요.
어떤 사람들은 미국 메이저리그와 견줄 만하다고 이야기할 정도입니다.
그동안 올림픽에서 3개의 금메달을 땄으며,
야구 월드컵에서 25회나 우승한 것 등이 그 실력을 증명합니다.

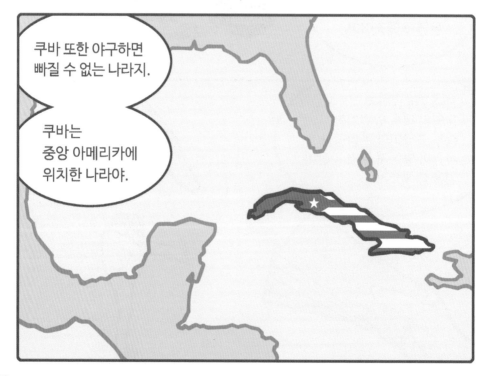

아마추어 최강이라고 불리는 쿠바는 사회주의국가라서 프로야구팀이 없어.

NO!

그럼에도 세계 최고 수준의 야구 실력을 갖고 있어.

어떤 이들은 미국의 메이저리그와 견줄만하다고 이야기할 정도야.

그동안 올림픽에서 3개의 금메달을 땄고 야구 월드컵에서 25회나 우승한 것 등이 그 실력을 입증해주지.

국제야구연맹

전 세계에서 열리는 각종 국가 대항 야구 경기를 개최하고
관리하는 단체입니다. 영문 이니셜로 '아이비에이에프(IBAF)'라고 하며,
2024년 통계로 118개국이 가입해 있습니다.
본부는 스위스 로잔에 있습니다.

「아이비에이에프(IBAF)」
라는 단체가 있는데

전 세계에서 열리는
각종 국가 대형
야구 경기를 개최하고
관리하는 단체야.

2024년 통계로
118개국이 가입해 있고
IBAF 본부는
스위스 로잔에 있어.

스위스 로잔

세계 야구 랭킹

국제야구연맹에서는 각종 대회의 성적을 종합해 국가별 순위를 발표합니다. 올림픽처럼 권위 있는 대회는 많은 점수를, 세계대학야구선수권처럼 비중이 크지 않은 대회는 상대적으로 적은 점수를 주는 식이지요. 물론 우승이냐 준우승이냐에 따라서도 점수가 달라지고요. 지난 2023년 12월 발표된 순위에 따르면, 우리나라는 일본·멕시코· 미국에 이어 4위에 올랐습니다. 한때 2위까지 오르기도 했던 우리나라의 야구 실력은 이미 세계 정상급으로 평가받고 있지요. 그 밖의 주요 야구 강국으로는 대만·도미니카공화국·쿠바·네덜란드· 캐나다·오스트레일리아·푸에르토리코·베네수엘라 등을 들 수 있습니다.

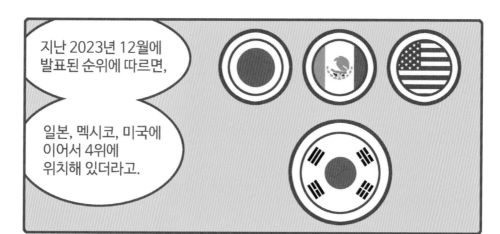

지난 2023년 12월에 발표된 순위에 따르면,

일본, 멕시코, 미국에 이어서 4위에 위치해 있더라고.

우와!

우리나라가 4위라고!? 엄청 높네?

응. 한때는 2위까지 올랐던 한국의 야구실력은

이미 세계 정상급으로 평가받고 있어.

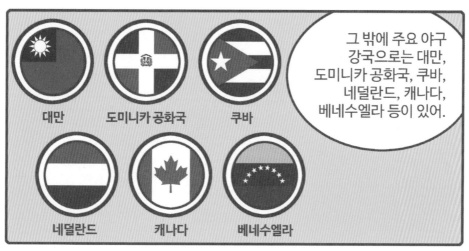

대만

도미니카 공화국

쿠바

네덜란드

캐나다

베네수엘라

그 밖에 주요 야구 강국으로는 대만, 도미니카 공화국, 쿠바, 네덜란드, 캐나다, 베네수엘라 등이 있어.

한국 프로야구 출범

1982년, 마침내 우리나라에도 프로야구가 탄생했습니다.
당시 참여 구단은 '엠비씨(MBC) 청룡', '오비(OB) 베어스', '삼성 라이온즈',
'해태 타이거즈', '롯데 자이언츠', '삼미 슈퍼스타즈' 6개 팀.
그 해 3월 27일, 지금은 사라진 서울동대문야구장에서 역사적인
첫 경기가 열렸습니다. 엠비씨(MBC) 청룡과 삼성 라이온즈의 대결.
그 날의 승리 팀은 이종도 선수가 연장 10회에
끝내기 만루홈런을 친 엠비씨(MBC) 청룡이었습니다.

우리나라는 1982년에 프로야구가 탄생했어.

당시 참여 구단은 엠비씨(MBC)청룡, 오비(OB)베어스, 삼성 라이온즈, 해태 타이거즈, 롯데 자이언츠, 삼미 슈퍼스타즈 6개팀으로 시작했어.

롯데자이언츠   三美슈퍼스타즈   삼성라이온즈   MBC靑龍   OB베어스   해태 타이거즈

그 해 3월27일, 지금은 사라진 서울동대문야구장에서

엠비씨(MBC)청룡과 삼성 라이온즈의 역사적인 첫 경기가 열렸지.

한국 프로야구 1호 안타, 1호 홈런의 주인공

한국 프로야구 1호 안타를 친 선수는 삼성 라이온즈 소속의 이만수.
2루타였던 그 안타는 경기가 시작되고 나서 1회 초에 바로 나왔습니다.
그리고 1호 홈런의 주인공 역시 이만수.
3회 초에 터진 그 홈런 덕분에 이만수는 부상으로 걸려 있던
등나무 응접 세트를 받았다고 합니다.

그 사람은 바로 당시 삼성 라이온즈 소속인 **이만수** 선수야.

한때 <SK 와이번스>의 감독도 했었지

경기가 시작되고 얼마 안 가 바로 1회 초에 2루타가 나왔어.

1호 홈런 역시 이만수였는데 3회 초 터진 홈런 덕분에 부상으로 걸려있던 등나무 응접세트를 받았다고 해.

아자! 등나무!

한국 프로야구 10개 구단

2024년 현재 우리나라 프로야구에는 모두 10개 팀이 있습니다.
'두산 베어스', '엘지(LG) 트윈스', '삼성 라이온즈', '기아 타이거즈',
'롯데 자이언츠', '한화 이글스', '키움 히어로즈', '에스에스지(SSG) 랜더스',
'엔씨(NC) 다이노스', '케이티(KT) 위즈'가 그 팀들입니다.
2011년 '엔씨(NC) 다이노스'가 창단되고, 2015년 '케이티(KT) 위즈'가
참여하면서 10개 구단 체제가 확립됐습니다.
그동안 몇몇 구단의 팀 명칭이 바뀌는 등 다양한 변화가 있었지만
지금까지 10개 구단 체제가 활발하게 운영되고 있지요.

그동안 몇몇 구단의 팀 이름이 바뀌는 중 여러 변화들이 있었지만 현재는
두산 베어스, 엘지(LG) 트윈스, 삼성 라이온즈, 기아 타이거즈, 롯데 자이언츠,
한화 이글스, 키움 히어로즈, 에스에스지(SSG) 랜더스.

두산	LG	삼성	기아
베어스	트윈스	라이온즈	타이거즈

롯데	한화	키움	SSG
자이언츠	이글스	히어로즈	랜더스

그리고 2011년에 'NC 다이노스'가 창단되고, 2015년에는 'KT 위즈'가
참여하면서 10개 구단 체제가 확립됐어.

NC
다이노스

KT
위즈

지역 연고

프로야구 구단들은 특정 지역을 기반으로 활동합니다.
그것을 일컬어 '연고지'라고 하며, 자신의 연고지에 있는
구장이 홈그라운드가 됩니다.
2024년 현재 '엘지(LG) 트윈스'·'두산 베어스'·'넥센 히어로즈'는 서울특별시,
'에스에스지(SSG) 랜더스'는 인천광역시, '한화 이글스'는 대전광역시,
'삼성 라이온즈'는 대구광역시, '기아 타이거즈'는 광주광역시,
'롯데 자이언츠'는 부산광역시, '엔씨(NC) 다이노스'는 경상남도 창원시,
'케이티(KT) 위즈'는 경기도 수원시가 연고지입니다.

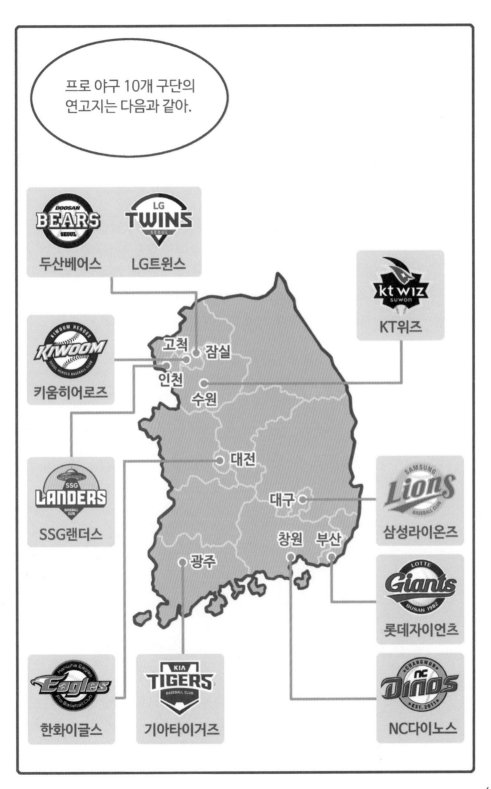

프로 야구 10개 구단의
연고지는 다음과 같아.

두산베어스
LG트윈스
KT위즈
키움히어로즈
고척　잠실
인천
수원
SSG랜더스
대전
삼성라이온즈
대구
창원　부산
롯데자이언츠
광주
한화이글스
기아타이거즈
NC다이노스

1년 동안 치러지는 경기 수

해마다 치러지는 프로야구 경기 수는 조금씩 변화가 있습니다.
2024년 기준으로 보면, 우리나라 프로야구 팀들은 1년에
각각 144경기를 하게 되어 있습니다. 총 경기 수는 720경기.
한편 우리나라보다 선수층이 두텁고 이런저런 시설이
잘 갖춰져 있는 미국은 각 팀마다 162경기를 치릅니다.

한국시리즈

앞서 미국 메이저리그에서는 월드시리즈를 통해 그 해의 우승 팀을
결정한다고 말했습니다. 우리나라 프로야구도 정규 리그에서 뛰어난 성적을
올린 두 팀이 '한국시리즈'를 펼칩니다. 미국과 달리 우리나라와
일본은 챔피언 결정전에 나라 이름을 붙여 한국시리즈, 일본시리즈라고 합니다.
한국시리즈는 정규 리그 우승 팀과 나머지 상위 입상 팀들 가운데
한 팀이 7전 4선승제로 맞붙습니다. 최근에는 정규 리그 2~5위 팀들이
단기간 경쟁을 벌여 승리한 한 팀이 1위 팀과 격돌하는 방식입니다.
우리나라 프로야구는 미국 · 일본처럼 양대 리그가 아니라 단일 리그기 때문에
그와 같은 방식을 선택한 것입니다.

우리나라 프로야구도 월드 시리즈와 비슷한 개념인 **'한국 시리즈'**가 있어.

정규 리그에서 뛰어난 성적을 올린 두 팀이 **'한국시리즈'**를 펼치는거지.

KOREAN SERIES

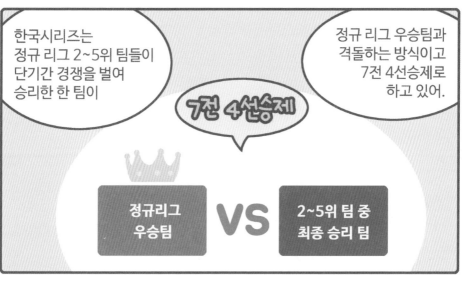

한국시리즈는 정규 리그 2~5위 팀들이 단기간 경쟁을 벌여 승리한 한 팀이

정규 리그 우승팀과 격돌하는 방식이고 7전 4선승제로 하고 있어.

7전 4선승제

정규리그 우승팀 **VS** 2~5위 팀 중 최종 승리 팀

우리나라 프로야구는 미국, 일본처럼 양대 리그가 아니라

단일 리그기 때문에 이와 같은 방식을 선택한 거야.

혼자야?

어, 아직 싱글이야

KBO

한국시리즈 최다 우승 팀

지난 2023년 한국시리즈 우승 팀은 엘지(LG) 트윈스였습니다.
엠비씨(MBC) 청룡을 이어받아 1990년 팀을 창단하고 나서 3번째 우승입니다.
그동안 기아 타이거즈 11회, 삼성 라이온즈 8회, 두산 베어스 6회,
에스에스지(SSG) 랜더스 5회, 롯데 자이언츠 2회, 한화 이글스 1회,
엔씨(NC) 다이노스 1회, 케이티(KT) 위즈가 1회 우승을 차지했습니다.
그 밖에 지금은 사라진 '현대 유니콘스'라는 팀이 4회 우승한 기록을 갖고 있습니다.

역대 한국시리즈를
우승한 팀들을 보면

기아 타이거즈 11회,
삼성 라이온즈 8회, 두산 베어스 6회,
SSG 랜더스 5회, 롯데 자이언츠 2회,
한화 이글스와 NC 다이노스 ,
KT 위즈가 각각 1회씩
우승을 차지했어.

11회	8회	6회	5회	3회	2회	1회		
기아 타이거즈	삼성 라이온즈	두산 베어스	SSG 랜더스	LG 트윈스	롯데 자이언츠	KT 위즈	한화 이글스	NC 다이노스

그 밖에 지금은 사라진
'현대 유니콘스'라는 팀이
4회 우승한 기록을 갖고 있어.

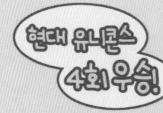

포스트시즌

오랜 기간에 걸쳐 승부를 겨룬다는 의미로 정규 리그를
'페넌트레이스'라고 합니다. 그리고 페넌트레이스를 통해
상위 입상한 팀들끼리 우승을 다투는 짧은 기간을 '포스트시즌'이라고 합니다.
한국시리즈 역시 포스트시즌에 포함됩니다.

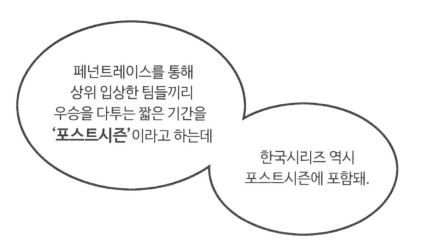

페넌트레이스를 통해 상위 입상한 팀들끼리 우승을 다투는 짧은 기간을 '포스트시즌'이라고 하는데

한국시리즈 역시 포스트시즌에 포함돼.

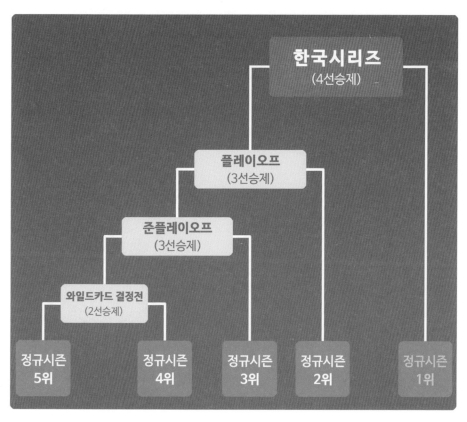

포스트시즌 일정

한국시리즈
(4선승제)

플레이오프
(3선승제)

준플레이오프
(3선승제)

와일드카드 결정전
(2선승제)

정규시즌 5위

정규시즌 4위

정규시즌 3위

정규시즌 2위

정규시즌 1위

퓨처스리그

한국 프로야구에도 미국의 마이너리그 같은 제도가 있습니다.
10개 구단에서 운영하는 '2군' 팀들이 있는데, 그들이 펼치는 리그를
'퓨처스리그'라고 합니다(국군 체육 부대인 상무 포함 11개 팀 참가).
퓨처스리그는 '북부리그'와 '남부리그', 양대 리그로 나뉘어 있습니다.

10개 구단에서
운영하는 2군팀과

상무(국군 체육 부대)를
포함한 11개팀이
펼치는 리그를

+

상무 피닉스

'퓨처스리그'
라고해.

퓨처스리그는
'북부리그'와 '남부리그'
양대 리그로 나뉘어서
운영되고 있어.

북부리그		남부리그	
		NC	NC
LG	LG	KIA	KIA
	한화		삼성
	두산		KT
	SSG		롯데
	고양		상무

올스타전

우리나라 프로야구는 정규 리그 전반기와 후반기 사이에
올스타전을개최합니다. 기량이 뛰어나고 인기가 많은 선수들을
팬 투표 등으로 뽑아 두 팀으로 나눈 뒤 경기를 펼치지요.
올스타전에서 최우수선수가 되면 '미스터 올스타'라는 애칭으로 불립니다.
프로야구 올스타전은 미국과 일본에서도 열리며, 지난 2007년부터는
퓨처스리그에서도 올스타전이 개최되고 있습니다.

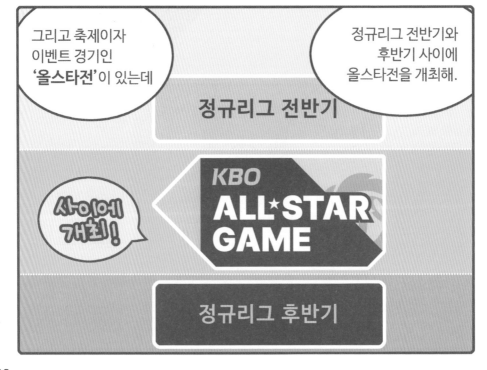

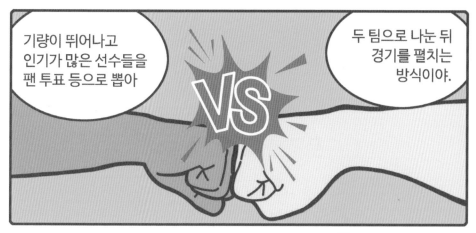

기량이 뛰어나고 인기가 많은 선수들을 팬 투표 등으로 뽑아

두 팀으로 나눈 뒤 경기를 펼치는 방식이야.

올스타전에서 최우수선수가 되면 '미스터 올스타'라는 애칭으로 불려.

*23년 '미스터 올스타' 채은성 선수

미스터 올스타
10.000.000원

프로야구 올스타전은 미국과 일본에서도 열리고

지난 2007년부터는 퓨처스리그에서도 올스타전을 개최하고 있어.

미국

일본

TEXAS ALL STAR GAME

マイナビ ALL STAR GAME

프랜차이즈 스타

프로야구 중계 방송을 시청하다 보면 종종 '프랜차이즈 스타'라는
이야기를 듣게 됩니다 그것은 어느 팀에서 데뷔해 줄곧 그 곳에서 활약하며
스타로 성장한 선수를 일컫는 말입니다. 다시 말해 오랜 세월 동안
특정 연고지를 대표하는 선수가 프랜차이즈 스타라고 할 수 있습니다.
이를테면 엘지(LG) 트윈스의 오지환, 두산 베어스의
김재환 선수 등이 그런 경우입니다.

드래프트

야구 선수가 프로 구단에 입단하려면 반드시 거쳐야 하는 과정이 있습니다.
선수들이 프로 야구 팀 입단을 신청하면, 각 구단에서 필요한 만큼
선수를 지명하게 되지요. 그것을 일컬어 '드래프트'라고 합니다.
약간씩 차이가 있기는 해도 1년에 대략 800명 정도의 선수들이
드래프트에 나옵니다. 그 가운데 프로 야구 팀의 지명을 받는 선수들은
60여 명밖에 되지 않습니다. 그나마 대부분은 일단 2군에서
치열한 경쟁을 펼쳐 살아남아야 합니다.

KBO 🌀 DRAFT

프로구단에 선수로서 입단하려면

'드래프트'라고 걸 반드시 거쳐야 해.

선수들이 프로팀 입단을 신청하면,

각 구단에서 필요한 만큼 선수를 지명하게 돼.

그것을 일컬어 '드래프트' 라고 해.

너 내 동료가 돼라!

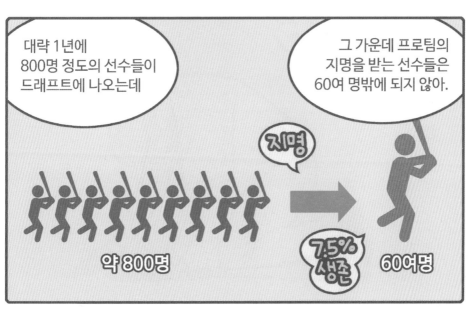

대략 1년에 800명 정도의 선수들이 드래프트에 나오는데

그 가운데 프로팀의 지명을 받는 선수들은 60여 명밖에 되지 않아.

지명

약 800명

7.5% 생존

60여명

신고 선수

'신고 선수'는 프로 구단이 드래프트에서 지명 받지 못한 선수들
가운데 혹시 있을지 모르는 유망주를 찾아내기 위해 마련한 제도입니다.
신고 선수가 되면 2군 선수들과 함께 운동하면서 하루빨리
자신의 실력을 입증해야만 정식 선수로 계약을 할 수 있습니다.
옛날에는 신고 선수 대신 '연습생'이라는 말을 사용했습니다.
연습생 또는 신고 선수 출신 스타로는 은퇴한 홈런왕 장종훈과 박경완,
두산 베어스와 엘지(LG) 트윈스에서 선수 생활을 하고 있는
김현수 등을 손꼽을 수 있습니다.

혹시 있을지 모르는 유망주를 찾아내기 위해

신고선수란 제도를 마련했어.

정식 프로선수는 아니지만 2군 선수들과 함께 훈련하며

하루빨리 자신의 실력을 입증해야 프로선수로 계약할 수 있어.

열심

열심

지금은 은퇴한 장종훈, 박경완 그리고

김현수

장종훈

박경완

현재 현역으로 활동하고 있는 LG의 김현수 등이 신고선수 출신이야.

트레이드

프로 구단들 사이에서 팀 전력을 향상시키기 위해
서로 선수를 교환하거나 이적시키는 것을 말합니다.
예를 들어 투수가 필요한 팀과 1루수가 필요한 팀이
소속 선수를 교환하는 경우가 그렇습니다.

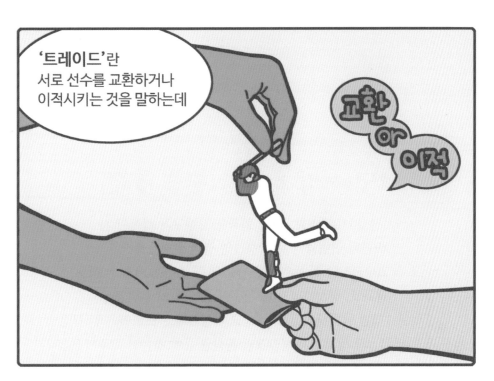

'트레이드'란
서로 선수를 교환하거나
이적시키는 것을 말하는데

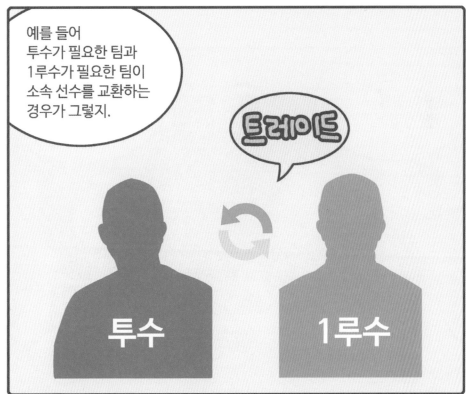

예를 들어
투수가 필요한 팀과
1루수가 필요한 팀이
소속 선수를 교환하는
경우가 그렇지.

1년에 약 800만 관중 동원

지난 2010년 5월 30일, 한국 프로야구가 시작된 지
29년째 접어들어 총 관중 1억 명이 달성됐습니다.
그 후 2023년 한 해 동안 프로야구 관중 수는 800만 명 정도.
참고로, 당시 1억 번째 관중이 된 영광의 주인공은
중학교 1학년 남학생이었습니다. 그 학생에게는 프로야구 전 구장
평생 무료 입장권과 광저우 아시안게임 관람권 등이 경품으로 주어졌습니다.

베이징올림픽 금메달

2008년에 열린 베이징올림픽에서 한국 야구 대표팀은
금메달을 땄습니다. 야구가 올림픽 정식 종목이 되고 나서
아시아 국가로는 처음 획득한 금메달이지요.
그것도 8전 전승으로 거둔 놀라운 성과였습니다.
그동안 올림픽 야구는 3회 우승한 쿠바와 1회 우승한 미국의 독무대였습니다.
우리나라는 2000년 시드니올림픽에서도 동메달을 딴 적이 있습니다.

바로 이 올림픽에서
우리 대한민국이
8전 전승으로 금메달을
목에 걸었어.

반짝

반짝

그동안 올림픽 야구는
3회 우승한 쿠바와
1회 우승한 미국의
독무대였어.

물론 우리나라도
2000년 시드니 올림픽에서
동메달을 딴 적도 있었지만

야구가 올림픽 정식 종목이
되고 나서 우리나라가
아시아 국가 최초로
획득한 금메달이라는 게
정말 값진 성과지.

와아아!

와아아!

월드베이스볼클래식(WBC)

세계 여러 나라가 참여하는 프로야구 국가 대항전입니다.
올림픽과 다른 점이라면 메이저리그에서 뛰는 선수들까지 대거 참여하는
대회라는 것이지요. 물론 우리나라와 일본, 대만 등은 올림픽에도 프로 선수들이
출전하지만 미국 같은 나라는 월드베이스볼클래식에만 메이저리그 선수들이
나옵니다. 제1회 월드베이스볼클래식은 지난 2006년에 개최됐습니다.
제2회 월드베이스볼클래식은 2009년에 열렸고요. 지금은 4년마다
대회가 치러집니다. 한국 야구 대표팀은 제1회 대회 4위,
제2회 대회 2위의 뛰어난 성적을 거둬 세계 야구 팬들을 깜짝 놀라게 했습니다.
각 대회 우승 팀은 2006년과 2009년 일본, 2013년 도미니카공화국, 2017년
미국이었습니다. 그 후 코로나 사태로 뒤늦게 열린 2023년 대회에서는
일본이 3번째 우승을 차지했습니다.

> 야구 국가 대항전하면
> **월드베이스볼클래식(WBC)**을
> 빼 놓을 수는 없을거야.

> WBC는
> 세계 여러 나라가
> 참여하는 프로야구
> 국가 대항전이야.

WORLD BASEBALL CLASSIC

제1회 WBC는
지난 2006년에 개최됐어.
제2회 WBC는
2009년에 열렸고

그리고 지금은
4년마다 대회가
치러지고 있어.

4년마다 오히려 좋아

한국 야구 대표팀은
제1회 대회 4위,
제2회 대회 2위의
뛰어난 성적을 거둬

세계 야구 팬들을
깜짝 놀라게 했어.

각 대회 우승 팀은
2006년과 2009년 일본,
2013년 도미니카공화국,
2017년 미국이었습니다.
그 후 코로나 사태로 뒤늦게 열린
2023년 대회에서는 일본이
3번째 우승을 차지했어.

연도	우승	
2006년		일본
2009년		일본
2013년		도미니카 공화국
2017년		미국
2023년		일본

돔(dome) 야구장

경기장 전체를 둥근 지붕으로 덮은 야구장을 말합니다.
1965년 미국 텍사스 주 휴스턴에 세계 최초의 돔 야구장이 만들어졌습니다.
오늘날 미국에는 7개, 일본에는 6개의 돔 야구장이 있습니다.
우리나라도 키움 히어로즈가 2016년부터 홈구장으로 사용하는
'고척스카이돔'이라고 불리는 돔 야구장을 갖고 있습니다.

세계 최초의 돔 야구장은
1965년 미국 텍사스주
휴스턴에 만들어진
'애스트로 돔'이야.

우리나라도
돔 야구장이 있는데
〈키움 히어로즈〉가 2016년부터
홈구장으로 사용하는
'고척 스카이 돔'이지.

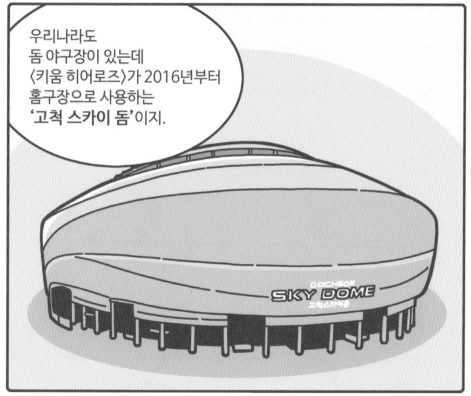

야구장의 모양

야구장은 홈베이스(홈플레이트)를 중심으로 부채꼴 모양으로 되어 있습니다.
내야와 외야로 구분되지요. 내야는 4개의 베이스를 꼭짓점으로 한
다이아몬드 형태이며, 외야는 내야를 벗어난 지점부터
펜스가 둘러쳐진 곳까지 포함됩니다.

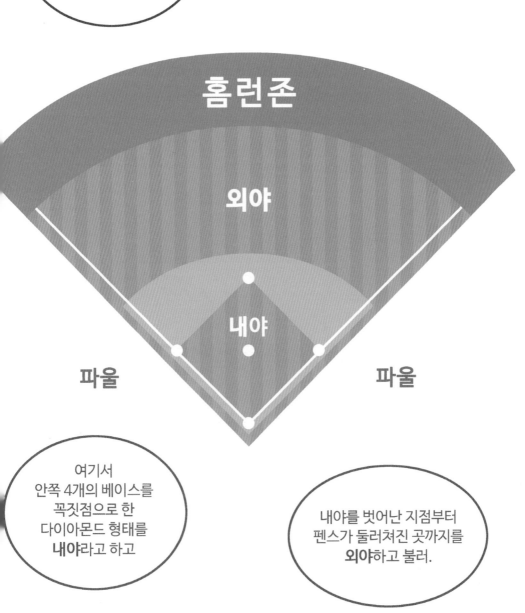

야구장은
홈베이스를 중심으로
부채꼴 모양으로
생겼잖아.

홈런존

외야

내야

파울

파울

여기서
안쪽 4개의 베이스를
꼭짓점으로 한
다이아몬드 형태를
내야라고 하고

내야를 벗어난 지점부터
펜스가 둘러쳐진 곳까지를
외야하고 불러.

야구장의 규격

야구장을 만들 때는 먼저 홈베이스의 위치를 정합니다.
그리고 그 지점부터 38.795미터의 거리를 재서 2루 베이스를 설치합니다.
그 다음 홈베이스와 2루 베이스를 기점으로 각각 27.432미터가
교차하는 지점을 확인합니다. 홈베이스에서 봤을 때 그 오른쪽이 1루이며,
왼쪽이 3루가 됩니다. 결국 홈베이스와 2루 베이스 사이를 제외한
각 베이스의 거리는 모두 27.432미터인 것입니다.

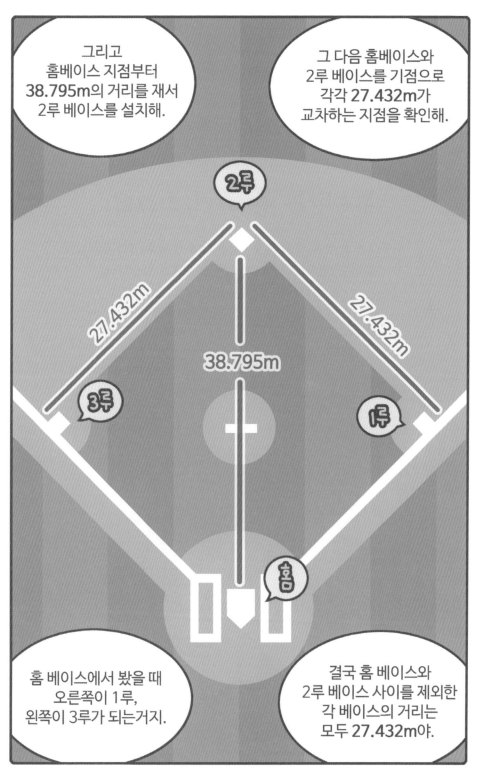

투수판과 홈베이스의 거리

투수가 공을 던질 때 밟는 투수판과 포수가 공을 받는 위치인
홈베이스까지의 거리도 일정하게 정해져 있습니다.
그 거리는 18.44미터.

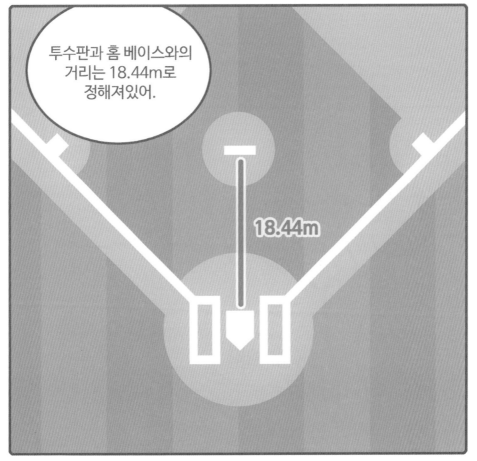

베이스의 모양

베이스는 주자가 득점하기 위해 신체의 일부로 반드시 접촉해야 하는 4개의 지점을 말합니다. 그 모양을 살펴보면 1, 2, 3루 베이스는 정사각형 형태의 직육면체입니다. 한 변의 길이가 45.73센티미터이고 두께는 7.6~12.7센티미터지요.
그와 달리 홈베이스는 오각형입니다. 투수 방향 한 변의 길이가 43.2센티미터이며 좌우 타석 쪽 양변의 길이가 21.6센티미터, 그리고 포수 쪽 삼각형 모양의 돌출된 두 변은 각각 30.5센티미터입니다.

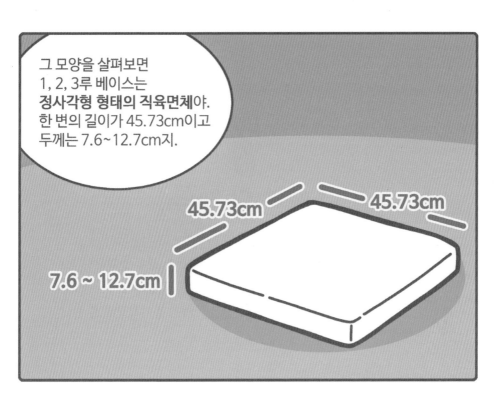

그 모양을 살펴보면
1, 2, 3루 베이스는
정사각형 형태의 직육면체야.
한 변의 길이가 45.73cm이고
두께는 7.6~12.7cm지.

45.73cm

45.73cm

7.6 ~ 12.7cm

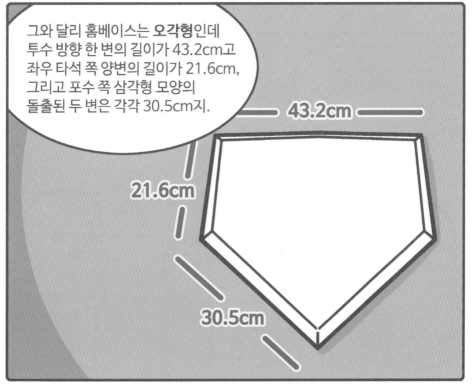

그와 달리 홈베이스는 **오각형**인데
투수 방향 한 변의 길이가 43.2cm고
좌우 타석 쪽 양변의 길이가 21.6cm,
그리고 포수 쪽 삼각형 모양의
돌출된 두 변은 각각 30.5cm지.

43.2cm

21.6cm

30.5cm

베이스의 재질

베이스의 재질 역시 1, 2, 3루와 홈베이스가 다릅니다.
1, 2, 3루는 흰색의 특수 천으로 만들며 홈베이스는 고무로 제작하지요.
각 베이스는 지면과 수평이 되도록 설치합니다.
특히 1, 2, 3루 베이스는 내야를 벗어나 경기장 밖에 놓이지 않도록 합니다.

베이스

더그아웃

야구 경기장의 선수 대기석을 일컫는 말입니다.
흔히 '벤치'라고도 하지요.
파울 선 바깥쪽에 설치되며 출전 선수를 포함한 현역 선수와
유니폼을 입은 감독, 코치, 트레이너들만 들어가는 것이 원칙입니다.

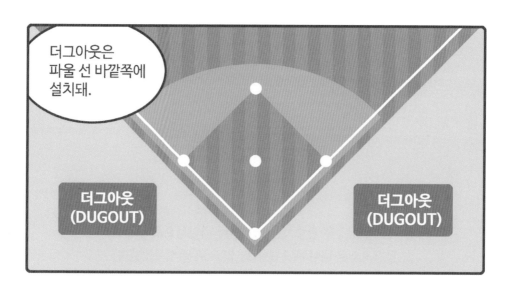

더그아웃은 파울 선 바깥쪽에 설치돼.

더그아웃
(DUGOUT)

더그아웃
(DUGOUT)

출전 선수를 포함한 현역 선수와

유니폼을 입은 감독, 코치, 트레이너들만 들어가는 것이 원칙이야.

감독

출전선수

후보선수

코치

관중석

대형 야구장의 경우 관중석은 내야석과 외야석으로 구분됩니다.
일반적으로 내야 관중석에 더 많은 좌석이 설치되며,
소규모 구장은 외야에 관중석이 없는 곳도 있지요. 대부분의 야구장에서
1루 쪽에는 홈팀 팬들이, 3루 쪽에는 원정 팀 팬들이 앉아 응원을 펼칩니다.
참고로, 서울의 잠실야구장에는 2만3,750석 정도의 관중석이 있습니다.

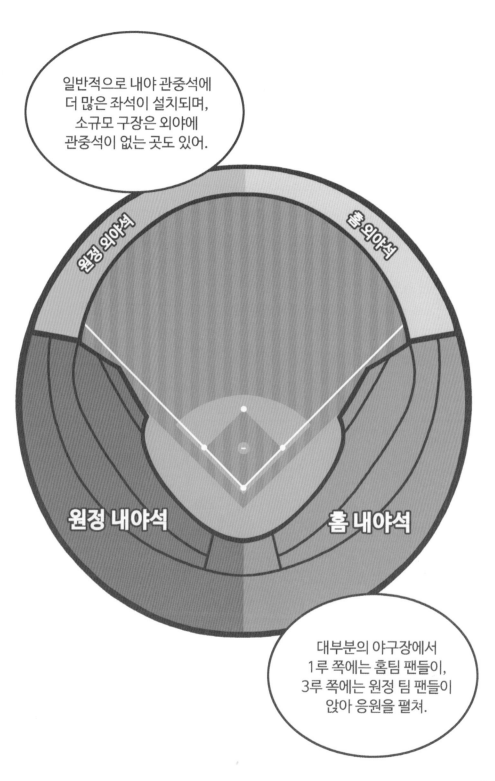

홈베이스에서 펜스까지 거리

야구의 꽃은 뭐니 뭐니 해도 홈런입니다.
한 방의 홈런으로 경기 결과가 달라질 때면 짜릿한 흥분을 느끼게 됩니다.
물론 그 때문에 패배하는 팀은 한순간 침묵에 빠져들지만.
홈런이 되려면 타자가 친 공이 외야를 지나 펜스를 넘어가야 합니다.
야구장마다 홈베이스에서 펜스까지 거리가 일정하지는 않지요.
예를 들어 잠실야구장의 경우 가장 먼 중앙 펜스 거리는 125미터입니다.
그에 비해 삼성의 라이온즈파크는 122.5미터, 기아의 챔피언스필드와
에스에스지(SSG)의 랜더스필드는 120미터지요.
그 밖에 한화가 사용하는 이글스파크와 키움 히어로즈의
고척스카이돔은 중앙 펜스 거리가 122미터입니다.

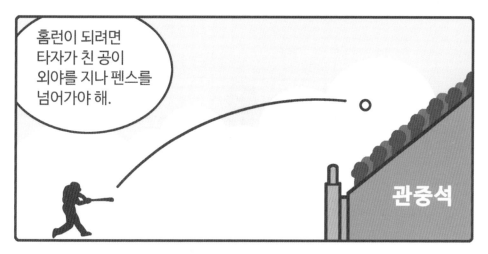

홈런이 되려면
타자가 친 공이
외야를 지나 펜스를
넘어가야 해.

관중석

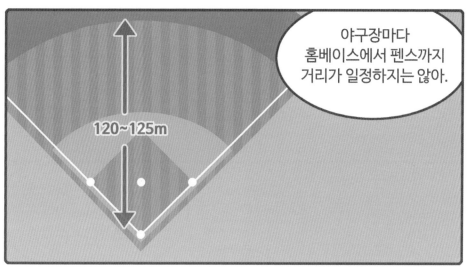

120~125m

야구장마다
홈베이스에서 펜스까지
거리가 일정하지는 않아.

예를 들어,
잠실야구장의 경우
가장 먼 중앙 펜스 거리는
125m인데

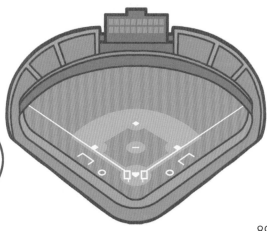

그에 비해 기아의 챔피언스필드와
에스에스지(SSG)의 랜더스필드는
120m로 가장 거리가 짧아.

천연 잔디 · 인공 잔디

야구장에 깔린 잔디는 천연 잔디와 인공 잔디로 구분할 수 있습니다.
천연 잔디는 말 그대로 자연에서 나고 자라는 살아 있는 잔디입니다.
그에 비해 인공 잔디는 합성섬유로 만듭니다. 관리가 쉽고 사계절 초록 빛깔을
유지하는 장점이 있지만, 자칫 선수들이 부상을 당할 위험이 높습니다.
참고로, 잠실야구장은 천연 잔디고 고척스카이돔은 인공 잔디입니다.

야구장에 깔린 잔디는
천연 잔디와 **인공 잔디**로
구분할 수 있어.

천연 잔디는 말 그대로
자연에서 나고 자라는
살아 있는 잔디야.

인공 잔디는 합성섬유로
만들어지는데 관리가 쉽고
사계절 초록빛을
유지하는 장점이 있지.

파릇

파릇

하지만,
자칫 선수들이
부상 당할 위험이
높다는 단점도 있어.

으악!

한 팀의 인원

야구는 한 팀에 9명씩 구성되어 경기를 펼칩니다.
직접 경기에 나서는 선수들의 숫자가 그렇다는 것이며,
한 명의 감독과 여러 명의 코치가 따로 있습니다.
9명을 수비 위치로 보면 '투수, 포수, 1루수, 2루수, 유격수, 3루수,
좌익수, 중견수, 우익수'입니다. 각 포지션 별로 선수 교체가 가능하며
지명타자 제도를 실시할 경우 한 팀의 인원은 10명이 됩니다.

9명을 수비 위치로 보면
'투수, 포수, 1루수,
2루수, 유격수, 3루수,
좌익수, 중견수, 우익수'가 있어.

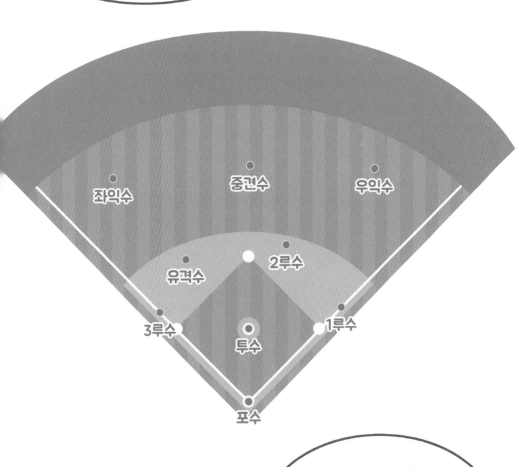

각 포지션 별로
선수 교체가 가능하며
지명타자 제도를 실시할 경우,
한 팀의 인원은
10명이 되기도 해.

지명타자

투수 대신 타석에 들어서는 선수를 말합니다.
아무래도 투수보다 타격 솜씨가 좋은 지명타자 제도를 실시하면
좀더 공격적인 경기가 펼쳐집니다.
한국 프로야구와 미국 프로야구의 양대 리그, 일본의 퍼시픽리그 등에
지명타자 제도가 있습니다. 반면에 일본의 센트럴리그에서는 투수도
타석에 서서 타격을 해야 합니다.

투수보다 타격 솜씨가 좋은 지명타자 제도를 실시하면 좀 더 공격적인 경기가 펼쳐지지.

일본의 오타니 선수처럼 투수와 타자 모두 잘하는 예외가 있기도 해.

한국 프로야구와 미국 프로야구의 양대 리그, 일본의 퍼시픽리그 등에 **지명타자 제도**가 있어.

아메리칸리그

내셔널리그

KBO리그

퍼시픽리그

반면에 일본의 센트럴리그에서는 투수도 타석에 서서 타격을 해야 해.

센트럴리그

대타 · 대주자

'대타'는 경기를 뛰던 타자 대신 특정 투수를
상대하기 위해 타석에 들어서는 타자를 말합니다.
대타는 한 타석만으로 역할을 다하고 다른 선수와 다시
교체되거나, 그 날 경기에 계속 나설 수도 있습니다.
'대주자'는 안타 등으로 진루한 주자를 대신해
1, 2, 3루 베이스에 서는 주자를 말합니다.
주로 발이 느린 주자를 발이 빠른 주자로 교체합니다.

대타는 경기를 뛰던 타자 대신 특정 투수를 상대하기 위해 타석에 들어서는 타자를 말해.

대타

대타는 한 타석만으로 역할을 다하고 다른 선수와 다시 교체되거나, 그 날 경기에 계속 나설 수도 있어.

대주자는 안타 등으로 진루한 주자를 대신해 1, 2, 3루 베이스에 서는 주자를 말해.

주로 발이 느린 주자를 발이 빠른 주자로 교체하지.

대주자

배터리

야구에서 짝을 이루어 경기하는 투수와 포수를 이르는 용어입니다.
공을 던지는 투수와 그 공을 받는 포수의 각별한 관계를
특별히 표현한 것입니다.

핫코너

수비를 할 때 강한 타구가 많이 날아오는 곳이라는
뜻으로 쓰이는 용어입니다.
다름 아닌 3루수가 지키는 수비 지역을 말합니다.
오른손잡이 타자가 왼손잡이 타자보다 많은데, 오른손잡이 타자가
강하게 잡아당겨 공을 치면 3루수 쪽으로 날아가게 됩니다.

야구의 승패

야구는 보통 9이닝 동안 진행됩니다. 이닝이란, 양 팀이
공격과 수비를 한 번씩 끝내는 한 '회'를 일컫는 용어입니다.
이를테면 1회 초 공격과 수비, 1회 말 공격과 수비를 합쳐 1이닝이라고
하는 것입니다. 야구의 승패는 9이닝 동안 어느 팀이 점수를 더
얻었느냐에 따라 판가름납니다. 만약 9이닝 동안 승부가
결정나지 않으면 연장전이 펼쳐지기도 합니다.

이닝이란, 양 팀이 공격과 수비를 한 번씩 끝내는 한 '회'를 일컫는 용어야.

이를테면 1회 초 공격과 수비, 1회 말 공격과 수비를 합쳐 1이닝이라고 하는 거야.

이닝	O회 초	Home 팀	Away팀
		공격	수비
	O회 말	Home 팀	Away팀
		수비	공격

야구의 승패는 9이닝 동안 점수를 더 많이 얻은 팀이 이기는 스포츠야.

만약 9이닝 동안 승부가 결정나지 않으면 연장전을 펼쳐지기도 해.

경기종료   연장전

INNING	1	2	3	4	5	6	7	8	9	10	11
HOME	0	1	1	0	1	0	0	0	0		
AWAY	0	0	2	0	0	1	0	0	0		

콜드 게임

9이닝을 마치기 전에 심판이 종료 결정을 내리는 경기를 말합니다.
보통 5이닝 이상 진행된 뒤 더 이상 경기를 진행하지 못할 만큼
비가 내리거나, 두 팀 사이의 점수차가 너무 커서 경기를 계속하는
의미가 없을 때 콜드 게임이 선언됩니다.
그 중 점수차에 따른 콜드 게임은 대회 때마다 미리 그 기준을 마련해
실시합니다. 하지만 프로야구는 점수차에 따른 콜드 게임이 없습니다.

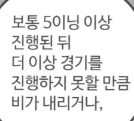

보통 5이닝 이상
진행된 뒤
더 이상 경기를
진행하지 못할 만큼
비가 내리거나,

두 팀 사이의 점수 차
너무 커서 경기를 계속하는
의미가 없을 때
콜드 게임이 선언돼.

INNING	1	2	3	4	5	6	7
HOME	2	4	1	5	1	3	-	-	-
AWAY	0	0	0	0	0	-	-	-

하지만
프로야구에서는
관중 수입이나
중계권료와
같은 돈 문제,

그리고
선수들 개인의 기록
등으로 인해
점수 차에 따른
콜드 게임은 없어.

노히트노런 게임

선발 투수가 상대 팀 선수들에게 9이닝 이상 단 1개의 안타와
단 1점의 점수도 주지 않고 경기에서 승리했을 때를 일컫습니다.
안타가 아닌 몸에 맞는 볼이나 볼넷, 실책으로 주자를
내보내는 것은 상관없습니다.

노히트노런 이란?
선발 투수가 상대 팀
선수들에게 9이닝 이상
단 1개의 안타와
단 1점의 점수도 주지 않고
경기에서 승리했을 때를
일컫는다.

다만, 안타가 아닌
몸에 맞는 볼이나
볼넷, 실책으로
주자를 내보내는 것은
상관없어.

몸에
맞는 볼

볼넷

실책

퍼펙트 게임

'완벽한 게임'이라는 의미입니다.
선발 투수가 경기가 끝날 때까지 단 한 명의 타자도 진루시키지 않고
승리로 이끈 게임을 말합니다. 홈런과 안타는 물론이고 몸에 맞는
볼이나 볼넷, 실책 등 어떤 경우에도 주자를 내보내지 말아야 합니다.
그래서 '퍼펙트 게임'은 좀처럼 기록되기 어렵습니다.
140년이 넘는 역사를 가진 미국 메이저리그에서도
2023년까지 24차례 나왔을 뿐입니다.
우리나라 프로야구에서는 퍼펙트 게임이 아직 한 번도 없었고요.

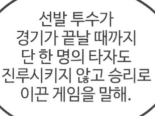

선발 투수가 경기가 끝날 때까지 단 한 명의 타자도 진루시키지 않고 승리로 이끈 게임을 말해.

홈런과 안타는 물론이고 몸에 맞는 볼이나 볼넷, 실책 등 어떤 경우에도 주자를 내보내지 말아야 해.

그래서 퍼펙트게임을 달성하기 매우 힘들지. 우리나라는 23년도 현재까지 아직 기록이 존재하지 않아.

22년도 당시 아쉽게 퍼펙트게임을 놓친 SSG랜더스의 **윌머 폰트** 선수가 있었어.

140년이 넘는 역사를 가진 미국 메이저리그에서도

2023년까지 24차례만 나왔을 뿐이야.

공

와인병에 꽂혀 있는 나무 조각 같은 마개를 본 적 있나요?
그 재질을 '코르크'라고 합니다. 야구공은 코르크 등의 재료로
만든 작은 심에 실을 감은 뒤, 하얀색 말가죽이나 쇠가죽
두 쪽으로 감싸서 단단하게 만듭니다.
야구공의 둘레는 22.9~23.5센티미터. 무게는 141.7~148.8그램.
두 쪽의 가죽을 묶는 실밥 수는 108개. 실밥은 야구공의 속력을
높이는 역할을 합니다. 실밥이 없으면 정면의 공기 저항은
줄어들지만 측면과 후면의 저항이 늘어나 구속이 떨어집니다.

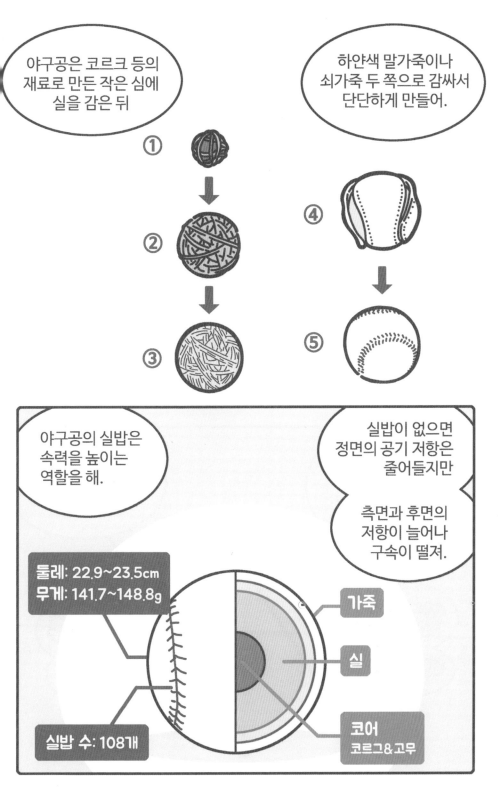

방망이

아마추어 야구에서는 알루미늄으로 만든 방망이를 사용하기도 합니다.
그러나 프로야구에서는 나무로 만든 방망이를 쓰지요.
나무 방망이는 주로 물푸레나무나 단풍나무로 만듭니다.
목재는 반드시 한 종류만 사용해야 됩니다. 굵기는 가장 굵은
부분의 지름이 7.3센티미터, 길이는 106.8센티미터 이하여야 합니다.
무게에 대한 제한은 없습니다.

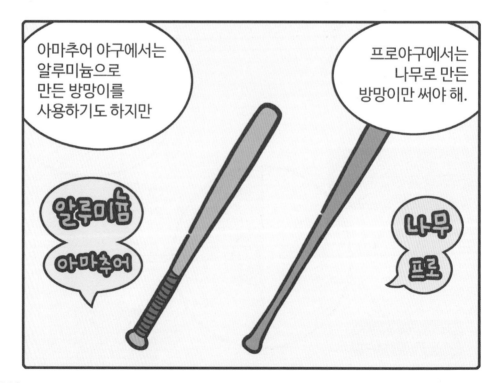

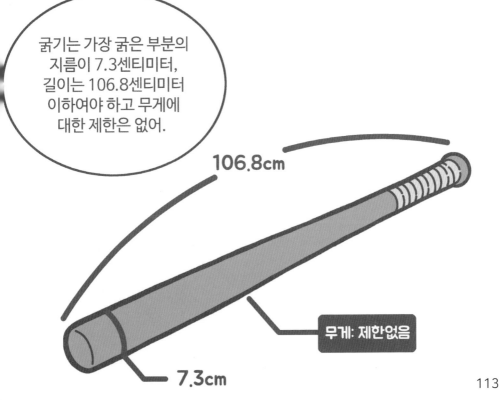

글러브

야구 선수들이 착용하는 가죽 장갑을 이르는 말입니다.
엄지와 검지 사이가 가죽 그물 모양으로 막혀 있어 공을 잡기 편리합니다.
글러브는 선수들의 포지션마다 그 모양이 조금씩 다릅니다.
이를테면 포수 글러브는 원형에 가까운 모양으로 공이 잘 빠져나가지
않게 만들어져 있습니다. 또한 내야수의 글러브가 외야수 것보다 조금
작은 편이며 무게도 가볍습니다. 그 이유는 내야수가 날렵하게 공을 잡아
재빨리 던져야 하는 경우가 많기 때문입니다.

야구 글러브는 엄지와 검지 사이가 가죽 그물 모양으로 막혀 있어 공을 잡기 편리해요.

글러브

글러브는 선수들의 포지션마다 그 모양이 조금씩 달라요.

이를테면 포수 글러브는 원형에 가까운 모양으로 공이 잘 빠져나가지 않게 만들어져 있어요.

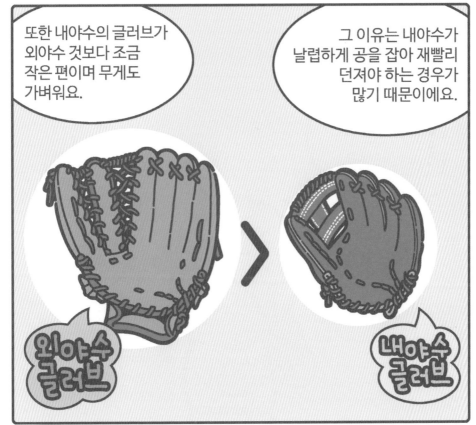

또한 내야수의 글러브가 외야수 것보다 조금 작은 편이며 무게도 가벼워요.

그 이유는 내야수가 날렵하게 공을 잡아 재빨리 던져야 하는 경우가 많기 때문이에요.

헬멧

야구 선수는 타석에 들어설 때 반드시 헬멧을 써야 합니다.
그 중에서도 포수는 특수 제작된 방호용 헬멧을 착용하도록 되어 있습니다.
더불어 타자들이 쓰는 야구 헬멧에는 한쪽에 귀 덮개가 있어야 합니다.
미국의 마이너리그나 아마추어 야구에서는 규정에 따라 양쪽 모두
귀 덮개가 있는 헬멧을 써야 하는 경우도 있습니다.

그 중에서도 포수는
특수 제작된 방호용 헬멧을
착용하도록 되어 있어요.

타자들이 쓰는
야구 헬멧에는
한쪽에 귀 덮개가
있어야 하구요.

미국의 마이너리그나
아마추어 야구에서는
규정에 따라

양쪽 모두 귀 덮개가
있는 헬멧을 써야 하는
경우도 있습니다.

한쪽

양쪽

유니폼

한 팀의 감독과 코치, 선수들은 똑같은 디자인의 유니폼을
착용합니다. 주요 구기 종목 가운데 감독과 코치까지 선수들과 함께
유니폼을 입는 경우는 야구밖에 없습니다.
프로야구는 한 팀이라도 홈 경기와 원정 경기의 유니폼이 서로 다릅니다.
홈 경기에는 주로 흰색 계열의 단순한 디자인이고, 원정 경기에는
화려한 색상의 유니폼을 입습니다.

한 팀의 감독과 코치,
선수들은 똑같은 디자인의
유니폼을 착용해.

프로팀의
유니폼 디자인은
홈 경기와 원정 경기가
서로 다른데

홈 경기에는 주로
흰색 계열의
단순한 디자인이고,

원정 경기에는
화려한 색상의
디자인이 많아.

홈
유니폼

원정
유니폼

안타

타격 후 수비수의 실책 없이 타자가 베이스(루)에 안착하는 것을 말합니다. 1루타(단타), 2루타, 3루타, 나아가 홈런까지 포함해 모두 안타라고 부릅니다.

홈런 · 그라운드홈런

홈런은 타자의 타구가 파울이 되지 않고 외야 펜스를 넘어가는
경우를 말합니다. 아울러 수비수의 실책 없이 타자가 안타를 치고
홈베이스까지 단번에 도달한 경우도 홈런으로 인정합니다.
그와 같은 홈런을 일컬어 특별히 '그라운드홈런'이라고 합니다.

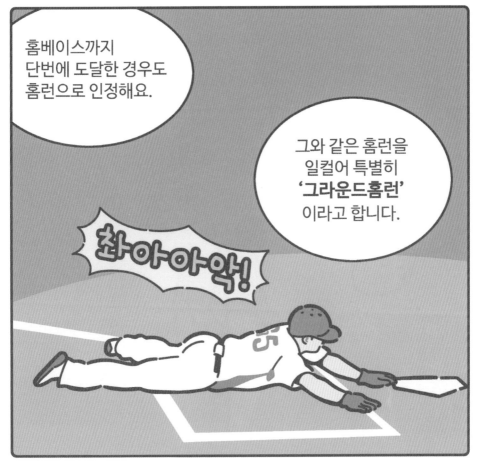

삼진

타자는 한 타석에서 3개의 공이 스트라이크 판정을 받으면 아웃됩니다.
그것을 우리말로 '삼진', 영어로 '스트라이크아웃'이라고 합니다.
경기장 밖으로 공이 날아가는 파울볼도 투 스트라이크까지는 스트라이크
볼카운트로 기록됩니다. 투 스트라이크 이후에는 아무리 많은 파울볼을
쳐도 볼카운트에 기록되지 않습니다. 파울볼 때문에 최종적으로
스트라이크아웃이 되지는 않는다는 말입니다.

우리말로는
'삼진'.

영어로는
'스트라이크아웃'
이라고 하지.

헛스윙

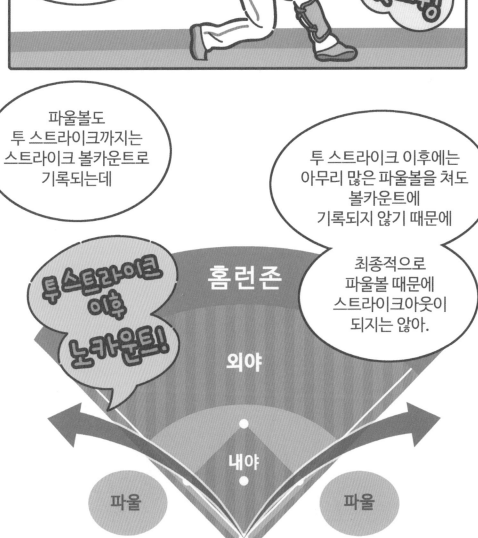

파울볼도
투 스트라이크까지는
스트라이크 볼카운트로
기록되는데

투 스트라이크 이후에는
아무리 많은 파울볼을 쳐도
볼카운트에
기록되지 않기 때문에

최종적으로
파울볼 때문에
스트라이크아웃이
되지는 않아.

투 스트라이크
이후
노카운트!

홈런존

외야

내야

파울

파울

볼넷

심판은 투수가 던진 공이 스트라이크존에서 벗어나면 볼
판정을 내립니다. 타자가 한 타석에서 4개의 볼 판정을 받으면
그냥 걸어서 1루로 진루하게 됩니다.
그것을 일컬어 '볼넷'이라고 합니다.
영어로는 '베이스온볼스(base on balls)'라고 합니다.

타자가 한 타석에서
4개의 볼 판정을 받으면
그냥 걸어서 1루로
진루하게 되거든?

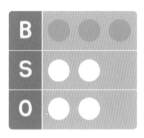

이것을 일컬어
'볼넷'
이라고 하고

영어로는
'베이스온볼스
(base on balls)'
라고 해.

아항

몸에 맞는 볼

옛날에 데드볼이라고 하던 일본식 야구 용어를
우리말로 순화시킨 것입니다. 말 그대로 투수가 던진
공에 타자가 맞는 상황을 일컫습니다.
영어로는 '히트바이피치드볼(hit by pitched ball)'이라고 합니다.
몸에 맞는 볼이 나오면 볼넷의 경우처럼 타자가 그냥 걸어서
1루로 진루하게 됩니다. 볼넷과 몸에 맞는 볼을 합쳐
'사사구'라고도 합니다.

지금은 우리말로 순화시켜 '몸에 맞는 볼'이라고 불리고 있어.

말 그대로 투수가 던진 공에 타자가 맞는 상황이야.

영어로는 '히트바이피치드볼 (hit by pitched ball)' 이라고 해.

Hit By
Pitched Ball

몸에 맞는 볼이 나오면 볼넷의 경우처럼 타자가 그냥 걸어서 1루로 진루하게 되는데

볼넷과 몸에 맞는 볼을 합쳐 '사사구'라고도 해.

진루

스리아웃

한 팀의 한 이닝 공격은 3개의 아웃카운트가 기록돼야 끝납니다.
매 이닝 스리아웃이 되기 전에 되도록 많은 점수를 내야
경기에 이길 수 있습니다.

타율

타자의 타격 성적을 백분율로 나타내는 것입니다.
안타 수를 타격 행위를 끝낸 타수로 나누면 그 수치가 나옵니다.
여기서 타격 행위를 끝낸 타수란 볼넷이나 몸에 맞는 볼, 팀을
위한 희생타 등이 포함되지 않는 것을 의미합니다.
예를 들어 타격 행위를 끝낸 10번의 타석에서 3개의 홈런이나
안타를 쳤다면 10타수 3안타라고 합니다. 이 때 3을 10으로 나누면
0.3이라는 값이 나와 타율 3할이 되는 것입니다.

타점 · 득점

타점은 타자의 플레이로 주자가 홈베이스에 들어와 득점했을 때
타자에게 주어지는 점수를 말합니다. 타점이 많은 타자는 득점
찬스에 강하다는 것을 의미합니다.
반면에 득점 기록은 홈베이스에 들어와 직접 점수를 올린
주자에게 주어지는 것입니다.

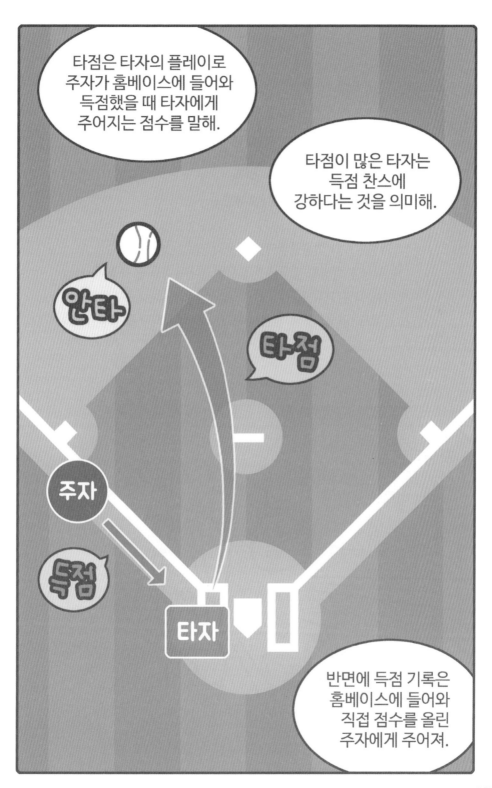

희생타

희생번트와 희생플라이를 아울러 이르는 용어입니다.
즉 자신을 희생해 주자를 진루시키거나 득점을 올렸을 때
쓰이는 말입니다. 여기서 '번트'란, 방망이를 휘두르지 않고
가볍게 맞춰서 내야에 공이 천천히 구르도록 하는 타구를 일컫습니다.

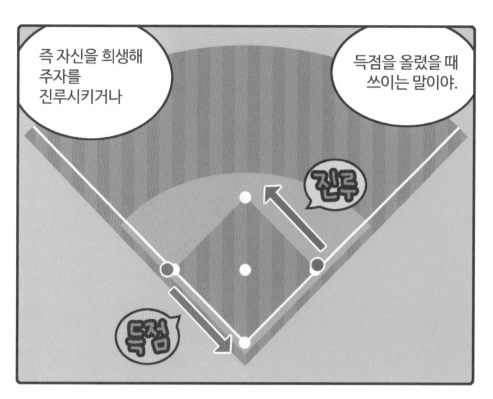

병살타

타자의 타격으로 주자와 타자가 한꺼번에 아웃되는 경우를 말합니다.
주로 타자가 내야 땅볼을 칠 때 수비수들이 연결된 동작으로
병살타를 만들어냅니다. 영어로는 '더블플레이'라고 합니다.

만루

주자가 4개의 베이스를 꽉 채운 상황을 말합니다.
만약 타자가 만루에서 홈런을 치면 한꺼번에
4점을 얻게 됩니다.

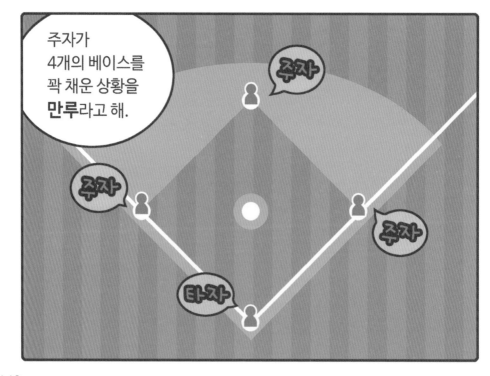

도루

주자가 수비를 하는 팀의 허점을 이용해 다음 베이스로
진루하는 것을 말합니다. 도루는 타격이나 볼넷, 몸에 맞는 볼,
수비 팀의 실책 등과 상관없이 자신의 힘으로 진루할 경우에만
인정됩니다. 영어로는 '스틸'이라고 합니다.
그래서 2명의 주자가 동시에 도루를 하면 '더블스틸',
홈베이스로 도루를 하면 '홈스틸'이라고 하는 것입니다.

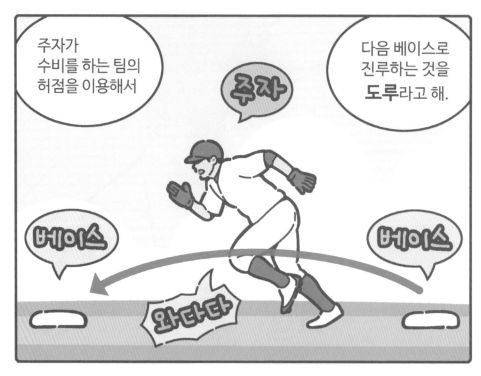

도루는 타격이나 볼넷, 몸에 맞는 볼, 수비 팀의 실책 등과 상관없이

오로지 자신의 힘으로 진루할 경우에만 인정돼.

타격도 볼넷도 안되고, 몸에맞는볼 수비실책도 안되고,

이 안에 도루있다. 이게 내 결론이다.

영어로는 '스틸'이라고 하고

2명의 주자가 동시에 도루를 하면 '더블스틸'.

홈베이스로 도루를 하면 '홈스틸'이라고 해.

히트앤드런

주자가 있을 때 실시되는 야구 작전 중 하나. 주자는 투수가
공을 던지려는 순간 다음 베이스를 향해 달리고, 타자는 투수가
던지는 공을 무조건 쳐야 합니다. 병살타를 방지하는 데
효과적인 작전입니다.

145

런앤드히트

히트앤드런과 조금 다른 작전입니다.
투수가 공을 던지려는 순간 주자가 다음 베이스를 향해 달리는
것은 같지만, 타자는 자신이 원하는 공에만 타격을 하면 됩니다.
타자가 타격을 하지 않으면 주자 혼자 도루를 하는 형태가 되지요.

히트앤드런과 런앤드히트의 차이는 투수가 공을 던지려는 순간

주자가 다음 베이스를 향해 달리는 것은 같지만,

런!

타자는 자신이 원하는 공에만 타격을 하면 돼.

타자가 타격을 하지 않으면 주자 혼자 도루를 하는 형태가 되지.

무슨 공인지 모르겠으니까

진지

인필드플라이

노아웃이나 원아웃 1, 2루 또는 만루에서 타자가 친 타구가
내야에 떴을 때 충분히 잡을 수 있다고 판단되면 심판이
'인필드플라이'를 선언합니다. 주자가 1루에만 있으면
해당되지 않고, 번트를 하려다가 공이 뜬 것은 제외.
인필드플라이 규칙은 수비수가 일부러 공을 떨어뜨려 타자와
주자들을 함께 아웃시키려는 시도를 막기 위해 만들어졌습니다.

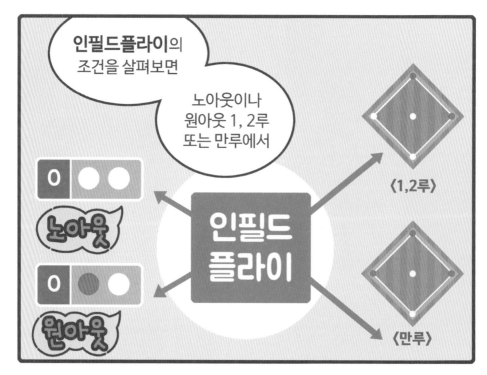

타자가 친 타구가 내야에 떴을 때 충분히 잡을 수 있다고 판단되면

심판이 **'인필드플라이'**를 선언해.

단, 주자가 1루에만 있으면 해당되지 않고, 번트를 하려다가 공이 뜬 것은 제외해.

인필드플라이 규칙은 수비수가 일부러 공을 떨어뜨려서

타자와 주자들을 함께 아웃시키려는 시도를 막기 위해 만들어졌어.

출루율 · 장타율

'출루율'이란 타자가 타석에 들어서서 베이스에 얼마나
많이 살아 나갔는지 백분율로 나타낸 수치입니다. '장타율'은
단타를 1, 2루타를 2, 3루타를 3, 홈런을 4로 따져
합한 수를 타수로 나눈 수치입니다.
출루율과 장타율을 더한 값을 '오피에스(OPS)'라고 합니다.
그것은 타자의 능력을 측정하는 중요한 기준이 됩니다.

'OPS'란 출루율과 장타율을 더한 값이야.

여기서 중요한건 출루율과 장타율을 어떻게 구하냐는 건데

OPS: 출루율 + 장타율

'출루율'이란 타자가 타석에 들어서서

베이스에 얼마나 많이 살아 나갔는지 백분율로 나타낸 수치이고

〈출루율〉

타석

베이스

'장타율'은 단타를 1점, 2루타를 2점, 3루타를 3점, 홈런을 4점으로 따져 합한 수를 타수로 나눈 수치야.

〈장타율〉

타	점수
단타	1
2루타	2
3루타	3
홈런	4

÷ 타수

테이블세터

야구의 공격은 1번부터 9번까지 '타순'에 따라 진행됩니다.
타순이란 말 그대로 타격을 하는 순서를 뜻하지요.
그 중 1번과 2번 타자를 일컬어 '테이블세터'라고 표현합니다.
센스 있는 타격과 주루 솜씨로 팀이 득점을 올릴 수 있도록
찬스를 만드는 선수들이라는 의미입니다.

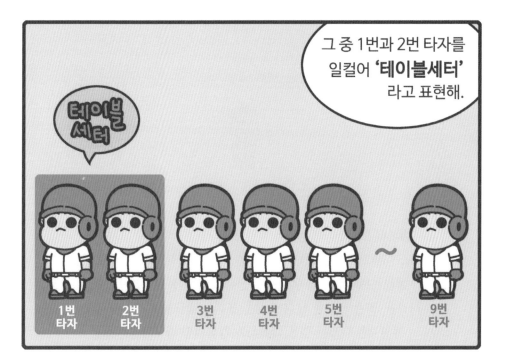

그 중 1번과 2번 타자를 일컬어 **'테이블세터'** 라고 표현해.

테이블세터

1번 타자

2번 타자

3번 타자

4번 타자

5번 타자

~

9번 타자

센스 있는 타격과 주루 솜씨로 팀이 득점을 올릴 수 있도록

찬스를 만드는 선수들이라는 의미지.

센스있는 타격

센스있는 주루

클린업트리오

1번부터 9번까지 타순에서 홈런 등 장타력이 뛰어난 타자들은
주로 3~5번으로 기용됩니다. 그들을 '클린업트리오'라고 부르지요.
클린업트리오는 팀 동료들이 안타나 볼넷 등으로 베이스에
나갔을 때 큰 타구를 날려 득점을 올리는 임무를 부여받습니다.
특히 4번 타자는 팀을 대표하는 강타자인 경우가 많지요.

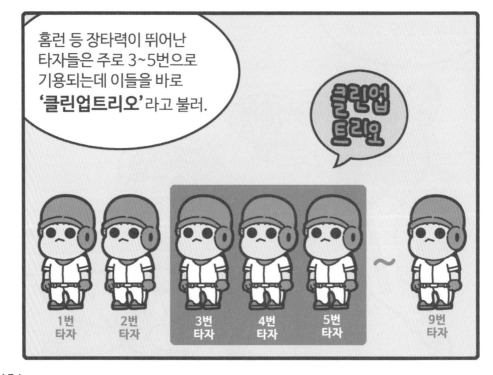

특히,
4번 타자는 팀을
대표하는 강타자인
경우가 많지.

클러치히터

찬스에 강해 득점 기회를 잘 살리는 타자를 일컫습니다.
그래서 클러치히터는 일반적으로 클린업트리오에 들어갑니다.

선발투수 · 구원투수

경기를 시작하면서 가장 먼저 등판하는 투수를 '선발투수'라고
부릅니다. 그리고 선발투수를 비롯해 앞서 던지던 투수가
지치거나 위기를 맞았을 때 등판하는 투수는 '구원투수'라고 합니다.
'구원투수'는 다시 '중간계투'와 '마무리투수'로 나눌 수 있습니다.
중간계투는 경기 중에 등판하는 투수이고, 마무리투수는 경기
마지막에 나와 승부를 결정짓는 투수입니다.

그리고 선발투수를 비롯해 앞서 던지던 투수가

지치거나 위기를 맞았을 때 등판하는 투수를 '구원투수'라고 해.

지침

구하러 왔다!

'구원투수'는 다시 중간계투와 마무리투수로 나눌 수 있어.

중간계투

*중간계투: 경기 중에 등판하는 투수

마무리투수

*마무리투수: 경기 마지막에 나와 승부를 결정짓는 투수

구원투수

승리투수 · 패전투수

선발투수가 5이닝 이상 던지고 팀이 앞선 상황에서 물러난 뒤
역전당하지 않은 채 경기가 끝나면 '승리투수'가 됩니다.
팀이 지고 있는 상황에서 마운드를 내려와 그대로 패하게 되면
'패전투수'가 되고요. 만약 선발투수가 5이닝 이상 던지지 못했는데
팀이 이기면 구원투수 중에서 승리투수가 나옵니다.
물론 이기고 있는 경기를 구원투수로 나와 역전당하게 만들면
패전투수가 되고요. 역전이 반복되는 경기에서는 마지막 승패를
결정짓는 순간 마운드에 섰던 투수가 승리투수 또는 패전투수가 됩니다.

팀이 지고 있는 상황에서 마운드를 내려와 그대로 패하게 되면 **'패전투수'**가 되지.

만약 선발투수가 5이닝 이상 던지지 못했는데 팀이 이기면 구원투수 중에서 승리투수가 나오고

이기고 있는 경기를 구원투수로 나와 역전당하게 만들면 패전투수가 되지.

승리투수

나! 구원투수!

패전투수

역전이 반복되는 경기에서는 마지막 승패를 결정짓는 순간

마운드에 섰던 투수가 승리투수 또는 패전투수가 돼.

세이브

팀이 근소한 점수차로 이기고 있는 상황에서 마무리투수로 나와
역전을 당하지 않았을 경우 주어지는 기록입니다.
그런데 '세이브' 기록을 얻는 데는 다음과 같은 전제 조건이 있습니다.

첫째, 자기 팀이 3점차 이하로 앞서 있을 때 최저 1이닝을 투구했을 경우.
둘째, 베이스에 있는 주자 또는 상대하는 타자 또는 그 다음
타자가 득점하면 동점이 되는 경우.
셋째, 최저 3이닝 이상 투구해 경기를 승리로 마무리하는 경우.

단, '세이브'를 기록하는 데는 전제 조건이 있어.

첫째, 자기 팀이 3점차 이하로 앞서 있을 때 최저 1이닝을 투구했을 경우.

3점차 이하로 앞서있나?

최저 1이닝을 투구하였나?

둘째, 베이스에 있는 주자 또는 상대하는 타자 또는 그 다음 타자가 득점하면 동점이 되는 경우.

동점?

동점?

셋째, 최저 3이닝 이상 투구해 경기를 승리로 마무리하는 경우야.

3이닝 이상 투구!

승리로 마무리!

홀드

자기 팀이 앞섰을 때 중간계투로 등판한 투수가 세이브
조건을 만족시킨 상황에서 물러난 경우 주어지는 기록입니다.
홀드는 승리나 세이브는 아니더라도 팀이 이기는 데 공헌한
중간계투 투수의 노력을 평가하기 위해 만든 것입니다.

완투 · 완봉

선발투수가 등판해 경기의 모든 이닝을 책임진 경우
'완투'했다고 표현합니다. '완봉'은 선발투수가 완투한 경기에서
단 1점도 실점하지 않았을 때 쓰는 용어입니다.
완투와 완봉은 투수에게 대단한 영광으로 받아들여집니다.
퍼펙트나 노히트노런만큼은 아니더라도 완봉으로 승리를 하기는 매우 어렵습니다.
완투의 경우 비록 패전투수가 되는 결과를 맞을 때도 있지만,
1명의 투수가 경기를 시작해 마무리까지 한다는 것은 결코 쉽지 않은 일입니다.

선발투수가 등판해 경기의 모든 이닝을 책임진 경우 **'완투'** 했다고 표현해.

'완봉' 은 선발투수가 완투한 경기에서 단 1점도 실점하지 않았을 때 쓰는 용어야.

퍼펙트나 노히트노런만큼은 아니더라도 완봉으로 승리를 하기는 매우 어려워.

완투의 경우 비록 패전투수가 될 때도 있지만,

1명의 투수가 경기를 시작해 마무리까지 한다는 것은 결코 쉽지 않은 일이야.

자책점

수비수의 실책 없이 안타나 볼넷 등 투수의 잘못으로 잃은
점수를 말합니다. '투수 자신이 책임져야 하는 점수'라는 의미지요.
그럼 A라는 투수가 주자를 내보낸 뒤 B라는 투수가 등판해
실점하면 자책점은 누구에게 돌아갈까요? 그 경우 자책점은
A에게 기록됩니다.

평균자책점

9이닝을 기준으로 했을 때 투수가 평균적으로 내주는 점수를 의미합니다.
예를 들어 어느 투수가 36이닝을 던져 자책점 18점을 기록했다면,
그의 '평균자책점'은 4.5점이 됩니다.
9이닝을 던지면 평균적으로 4.5의 자책점을 기록하게 될 것이라는 말이지요.
평균자책점은 승리 횟수, 삼진을 잡는 능력 등과 더불어 투수의 재능을
평가하는 아주 중요한 잣대입니다.
많은 사람들이 그 중에서도 평균자책점을 최고로 손꼽지요.
평균자책점은 '방어율'이라는 용어로 불리기도 합니다.

예를 들어
어느 투수가 36이닝을
던져 자책점 18점을
기록했다면,

이 말은 9이닝을 던지면
평균적으로 4.5점의
자책점을 기록하게
될 것이라는 말이지.

'평균자책점'은
4.5점이 되는데

$$\frac{총\ 자책점(18점)}{총\ 던진\ 이닝(36이닝)} \times 9이닝$$

$$= 평균자책점\ (4.5점)$$

↳ 방어율

평균자책점은 승리 횟수,
삼진을 잡는 능력 등과 더불어
투수의 재능을 평가하는
아주 중요한 잣대야.

승리횟수

삼진 잡는
능력

평균자책점

많은 사람들이
그 중에서도 평균자책점을
최고로 손꼽아.

퀄리티스타트

선발투수가 6이닝 이상 공을 던지고 자책점
3점 이하로 막아내는 경기를 뜻합니다.
이 경우 선발투수는 자신의 책임을 훌륭히 완수했다는
평가를 받습니다.

닥터 케이(K)

투수가 타자를 삼진 아웃시키면 영문 이니셜 '케이(K)'로
기록지에 표시합니다. 스트라이크(strike)의 과거형인
'스트럭(struck)'의 뒷글자를 딴 것이지요.
또 다른 주장으로는 투수가 타자를 '녹아웃(knock out)'시켰다는
의미에서 그렇게 표시한다는 이야기도 있습니다.
어쨌거나 그와 같은 이유로 스트라이크아웃을 많이 잡아내는
투수는 '닥터 K'라는 별칭으로 불립니다.
우리말로 옮기면 삼진을 많이 뺏어내는 '탈삼진 왕'
또는 '탈삼진 전문가(박사)'쯤 되겠지요.

또 다른 주장으로는 투수가 타자를 '녹아웃(knock out)' 시켰다는 의미에서

'케이(K)'로 표시한다는 이야기도 있어.

어쨌거나 같은 이유로 스트라이크아웃을 많이 잡아내는 투수는

'닥터 K'라는 별칭으로 불려.

날 불렀나?

우리말로 옮기면 삼진을 많이 뺏어내는 '탈삼진 왕' 또는 '탈삼진 전문가(박사)' 정도 되겠네.

내가 바로 탈삼진 전문가!

오버핸드스로 · 언더핸드스로 · 사이드암스로

투수는 공을 던지는 폼에 따라 '오버핸드스로 투수' ·
'언더핸드스로 투수' · '사이드암스로 투수'로 구분할 수 있습니다.
오버핸드스로 투수는 팔을 머리 뒤쪽으로 넘겨 머리 위로
휘두르며 던지는 식의 투구 방법을 이용합니다.
언더핸드스로 투수는 팔을 허리 아래에서 위로 쳐올리듯이
투구합니다. 일명 '잠수함 투수'라고 불리지요.
사이드암스로 투수는 오버핸드스로와 언더핸드스로의
중간쯤 되는 폼으로 팔을 어깨 높이로 해서 던집니다.
참고로, 오버핸드스로보다 팔이 약간 내려온 형태로
공을 던지는 것을 '스리쿼터스로'라고 합니다.

오버핸드스로 투수는 팔을 머리 뒤쪽으로 넘겨 머리 위로 휘두르며 던지는 식의 투구 방법을 이용하지.

오버핸드스로

언더핸드스로 투수는 팔을 허리 아래에서 위로 쳐올리듯이 투구하는데 일명 '잠수함 투수'라고 불러.

언더핸드스로

사이드암스로 투수는 오버핸드스로와 언더핸드스로의 중간쯤 되는 폼으로 팔을 어깨 높이로 해서 던져.

사이드암스로

직구 · 변화구

투수가 던지는 공은 크게 '직구'와 '변화구'로 구분됩니다.
직구는 투수가 던지는 가장 기본적인 공으로 궤적의 변화가
거의 없이 포수에게 곧장 날아갑니다. 그래서 빠를수록
위력적이며 영어로는 '패스트볼(fastball)'이라고 합니다.
변화구는 투수가 타자의 타이밍을 뺏거나 헛스윙을 유도하기 위해 던지는 공입니다.
속도를 조절하거나 공의 궤적이 달라지도록 던지지요.
변화구는 커브, 슬라이드, 포크볼 등 그 종류가 무척 다양합니다.
언뜻 단순해 보이는 직구 역시
투심패스트볼, 포심패스트볼, 싱킹패스트볼 등 몇 가지
유형으로 나눌 수 있습니다.

직구는 투수가 던지는 가장 기본적인 공으로 궤적의 변화가 거의 없이 포수에게 곧장 날아가.

그래서 빠를수록 위력적이고 영어로는 '패스트볼(fastball)'이라고 해.

변화구는 투수가 타자의 타이밍을 뺏거나 헛스윙을 유도하기 위해 던지는 공이야.

속도를 조절하거나 공의 궤적이 달라지도록 던져.

헛스윙

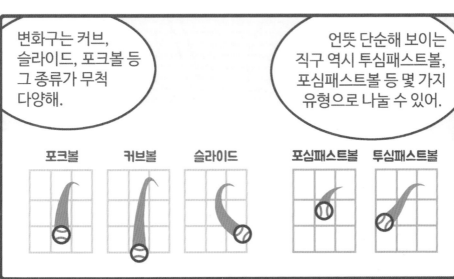

변화구는 커브, 슬라이드, 포크볼 등 그 종류가 무척 다양해.

언뜻 단순해 보이는 직구 역시 투심패스트볼, 포심패스트볼 등 몇 가지 유형으로 나눌 수 있어.

포크볼　　커브볼　　슬라이드　　포심패스트볼　　투심패스트볼

정통파 · 기교파

투수를 '정통파'와 '기교파'로 구분하기도 합니다.
정통파 투수는 주로 오버핸드스로로 공을 던지며
힘을 바탕으로 한 직구 위주의 투구를 합니다.
반면에 기교파 투수는 던지는 공의 종류와 투구 코스를
다양하게 해 타자가 혼란을 느끼도록 합니다. 유형으로 나눌 수 있습니다.

스피드건

투수가 던지는 공의 속도를 잴 때 사용하는 기구입니다.
야구공처럼 움직이는 물체에 초음파를 쏘아 속력을 측정하지요.
수준급 프로야구 투수가 던지는 직구 속도는 대부분
시속 140킬로미터가 넘습니다.

더블헤더

두 팀이 같은 날 계속해서 두 경기를 치르는 것을 말합니다.
프로야구 경기가 폭우 등으로 취소되었을 때 정해진
스케줄을 따라잡기 위해 실시되고는 합니다.
더블헤더 경기 사이에는 보통 20분의 휴식 시간이 주어집니다.

프로야구 경기가 폭우 등으로 취소되었을 때

오늘 경기는 우천으로 취소되었습니다.

정해진 스케줄을 따라잡기 위해 실시되고 있어.

오늘 할 일들

더블헤더

쓱쓱

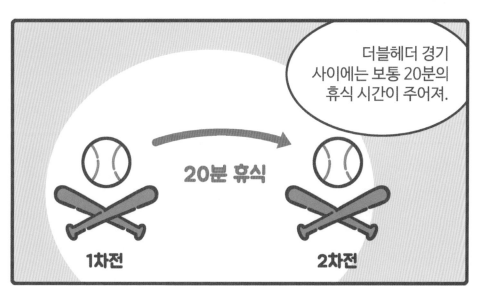

더블헤더 경기 사이에는 보통 20분의 휴식 시간이 주어져.

20분 휴식

1차전

2차전

골든글러브

한국 프로야구 창립 기념일인 12월 11일
한국야구위원회(KBO)가 시상하는 상입니다.
한 시즌 동안 활약한 선수들 가운데 가장 우수한 선수를
수비 포지션 별로 1명씩 뽑지요. 투수, 포수,
1루수, 2루수, 유격수, 3루수, 지명타자 각 1명과 외야수 3명.
투표는 시상식 당일 약 300~400명의 프로야구 기자단과
방송 관계자들이 합니다. 후보는 한 해 동안 기록한 성적에 따라 미리 선정하고요.

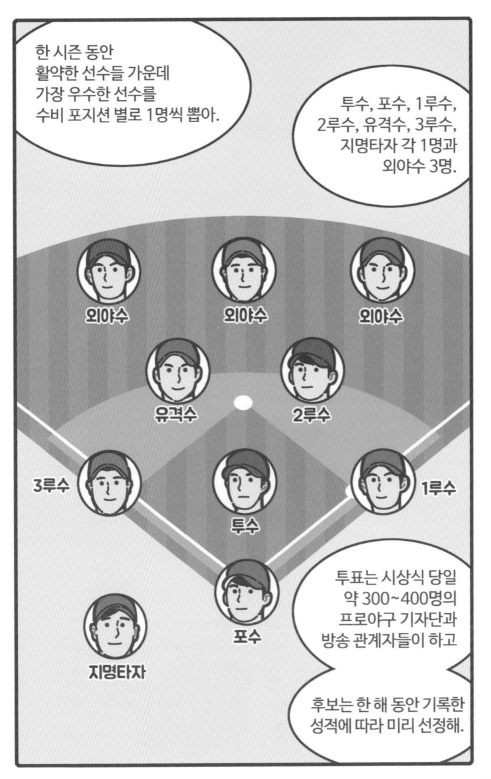

한국인 최초의 메이저리거

우리나라 야구 선수 가운데 처음으로 미국 메이저리그에
진출한 선수는 '박찬호'입니다. 한양대학교에 재학 중이던
1994년 '로스앤젤레스 다저스'에 입단했지요.
메이저리그 첫 승리는 그로부터 2년이 지난
1996년 4월 7일 시카고 컵스 전에서 이루어졌습니다.
그 후 박찬호는 주로 선발투수로 여러 팀을 거치며
2010년까지 활약해 총 124승을 거두었습니다.
지난 2001년 시즌에는 생애 처음으로 메이저리그 올스타에 뽑히기도 했지요.

한양대학교에 재학 중이던 1994년 'LA 다저스'에 입단했어.

메이저리그 첫 승리는 그로부터 2년이 지난 1996년 4월 7일 시카고 컵스 전에서 이루어졌지.

그 후 박찬호는 주로 선발투수로 여러 팀을 거치며 2010년까지 활약해 총 124승을 거두었어.

지난 2001년 시즌에는 생애 처음으로 메이저리그 올스타에 뽑히기도 했지.

월드시리즈 우승 반

박찬호 이후 우리나라의 많은 야구 선수들이 메이저리그에 진출했습니다.
그러나 소속 팀이 월드시리즈에서 우승해 기념 반지를
끼게 된 경우는 2023년까지 김병현이 유일하지요.
김병현은 2001년 '애리조나 다이아몬드백스'의
마무리투수로 뛰며 첫 번째 월드시리즈 우승을 경험했습니다.
그리고 2004년 '보스턴 레드삭스'가 월드시리즈 우승을
차지할 때도 팀의 일원으로 활약했지요.
2번이나 월드시리즈 우승 무대를 밟은 김병현의 전성기 시절
별명은 '한국형 핵잠수함'이었습니다.

그러나 소속 팀이 월드시리즈에서 우승해 기념 반지를 끼게 된 경우는 2023년까지 김병현이 유일해.

김병현은 2001년 '애리조나 다이아몬드백스'의 마무리투수로 뛰며 첫 번째 월드시리즈 우승을 경험했어.

그리고 2004년 '보스턴 레드삭스'가 월드시리즈 우승을 차지할 때도 팀의 일원으로 활약했지.

2번이나 월드시리즈 우승 무대를 밟은 김병현의 전성기 시절 별명은 '한국형 핵잠수함'이었어.

블링

블링

추신수 · 김하성 · 이정후

그동안 메이저리그에서 활약한 한국 선수들은 대부분 투수입니다.
2023년까지 타자로 메이저리거가 된 선수는 최희섭, 추신수, 강정호,
박병호, 이대호, 최지만, 김현수, 김하성, 배지환 등이지요.
2024년에는 이정후가 메이저리그에 진출했고요.
그 중 최희섭에 이어 두 번째 한국인 메이저리거가 된 추신수는
무려 16년 동안 메이저리그에서 활약하며 통산 타율 2할7푼5리, 218홈런,
1671안타, 782타점, 157도루의 놀라운 성적을 거두었습니다.

메이저리그 홈런왕

미국 메이저리그 최다 홈런 기록을 갖고 있는 선수는 '배리 본즈'입니다.
그는 22년 동안 메이저리거로 활약하며 모두 762개의 홈런을 때려냈습니다.
또한 한 시즌에 73개의 홈런을 날려 단일 시즌 최다 홈런 기록도 수립했지요.
배리 본즈는 그 밖에 다양한 기록을 남겼습니다.
7차례나 최우수선수에 뽑혔고, 투수들이 자주 그와 승부하기를 두려워해
무려 2,558개나 되는 볼넷을 얻었습니다.

그는 22년 동안 메이저리거로 활약하며 모두 762개의 홈런을 때려냈지.

762개 홈런!

또한 한 시즌에 73개의 홈런을 날려 단일 시즌 최다 홈런 기록도 수립했어.

7차례 최우수선수!

배리 본즈는 그 밖에 다양한 기록을 남겼는데 7차례나 최우수선수에 뽑혔고,

투수들이 자주 그와 승부하기를 두려워해 무려 2,558개나 되는 볼넷을 얻었다고 해.

볼넷으로 보내기

2,558개의 볼넷!

대한민국 홈런왕

아시아 최다 홈런 기록은 일본 프로야구에서 활약한 '왕정치'가 갖고 있습니다.

그가 선수 시절 때려낸 홈런은 무려 868개.

단순히 홈런 숫자만 보면 배리 본즈보다 훨씬 많습니다.

그렇다면 단일 시즌 아시아 홈런왕은 누구일까요?

그 선수는 일본 프로야구에서 활약한 블라디미르 발렌틴입니다.

그는 2013년 60개의 홈런을 때려냈지요.

한국 프로야구 최다 기록은 이승엽이 갖고 있습니다.

그는 지난 2003년 56개의 홈런을 터뜨려 단일 시즌 최다 홈런 기록을 수립했습니다.

한국 프로야구 최다 홈런 기록

한국 프로야구 통산 최다 홈런 기록은 이승엽 선수가 갖고 있습니다.
삼성 라이온즈 소속이었던 이승엽은 모두 467개의 홈런을 날려
우리나라 신기록을 수립했지요. 그런데 더욱 놀라운 점은 그가 8년 동안
일본 프로야구 무대에서 활약하며 159개의 홈런을 기록해,
모두 더하면 총 626개의 홈런을 때려냈다는 사실입니다.

삼성 라이온즈 소속이었던 이승엽은 모두 467개의 홈런을 날려 우리나라 신기록을 수립했어.

그런데 더 놀라운 점은 그가 8년 동안 일본 프로야구 무대에서 활약하며 159개의 홈런을 기록해,

모두 더하면 총 626개의 홈런을 때려냈다는 사실이야.

한국 프로야구 한 시즌 최고 타율 · 최다 안타

한국 프로야구 역사상 한 시즌 최고 타율은 4할1푼2리입니다.
프로야구가 출범한 1982년 엠비씨(MBC) 청룡 소속의 백인천이 기록했지요.
그 후 한국 프로야구에서는 4할 타자가 더 이상 나오지 않고 있습니다.
그리고 한 시즌 최다 안타 기록은 서건창이 넥센 히어로즈 시절 기록했습니다.
2014년에 201개의 안타를 때려냈지요.

프로야구가 출범한 1982년 '엠비씨(MBC) 청룡' 소속의 **백인천**이 기록했지.

그 후 한국 프로야구에서는 4할 타자가 더 이상 나오지 않고 있어.

이제는 더 이상!

4할 타자가 없다!

그리고 한 시즌 최다 안타 기록은 **서건창**이 넥센 히어로즈 시절 기록했어.

2014년에 201개의 안타를 때려냈지.

한국 프로야구 한 시즌 최다 타점 · 최다 도루

한국 프로야구 한 시즌 최다 타점 기록은 박병호가
넥센 히어로즈 시절 기록했습니다. 2015년, 146타점.
그리고 최다 도루 기록은 이종범이 해태 타이거즈 시절 기록했습니다.
1994년, 84도루.

한국 프로야구 통산 최고 타율·
최다 안타·최다 타점·최다 도루

한국 프로야구에서 활약한 수많은 타자들 중 2023년까지
통산 기록을 갖고 있는 선수들은 다음과 같습니다.
먼저 통산 최고 타율은 3할4푼의 이정후. 최다 안타는 2,504안타를 기록한 박용택.
최다 타점은 계속 기록을 쌓아가고 있는 1,542타점의 최형우.
최다 도루는 549개를 기록하고 은퇴한 전준호.

*통산(通算): 전부를 통틀어 계산함.

최동원 · 선동열

한국 야구 역사상 최고의 투수라면 최동원과 선동열을 손꼽는 사람들이 많습니다.
최동원은 롯데 자이언츠 시절인 1984년 27승을 올려 1983년 삼미 슈퍼스타즈의
장명부가 기록한 30승에 이어 한 시즌 최다승 2위에 올라 있습니다.
아울러 같은 해 223개의 스트라이크아웃을 잡아 한 시즌 최다 탈삼진 기록을 세웠으며,
한국시리즈에서는 혼자 4승을 올려 팀을 우승으로 이끌기도 했습니다.
해태 타이거즈에서 뛰었던 선동열의 한국 프로야구 통산 기록 역시 놀랍습니다.
그는 통산 자책점 1.20으로 단연 1위에 올라 있습니다. 또한 29회의 완봉승
기록도 1위입니다. 그 밖에 무려 1,186타석 동안 단 1개의 홈런도 맞지 않은
대단한 기록을 갖고 있습니다. 아울러 50이닝째 투아웃을 잡을 때까지
단 1점도 실점하지 않은 기록까지 있습니다. 그 무렵 선동열이 몸을 풀면
상대 팀이 경기를 포기한다는 말이 있었다니 그 위력을 짐작할 만합니다.

최동원은
롯데 자이언츠 시절인
1984년 27승을 올려
한 시즌 최다승 2위에
올라 있으며

같은 해 223개의
스트라이크아웃을
잡아 한 시즌 최다 탈삼진
기록을 세웠고,

한국시리즈에서는
혼자 4승을 올려 팀을
우승으로 이끌었지.

해태 타이거즈에서
뛰었던 선동열의
통산 기록 또한
역시 놀라워.

통산 자책점
1.20으로 단연 1위에
올라 있고 29회의 완봉승
기록도 1위야.

그 밖에 무려
1,186타석 동안
단 1개의 홈런도
맞지 않은 기록도
갖고 있어.

한국 프로야구 통산 최다승 · 최다 탈삼진 · 최다 세이브 · 최다 완투

한국 프로야구에서 활약한 수많은 투수들 중 2023년까지
통산 기록을 갖고 있는 선수들은 다음과 같습니다.
우선 통산 최다승은 한화 이글스에서 선수 생활을 한 송진우의 210승.
통산 최다 탈삼진 역시 송진우의 2,128개.
통산 최다 세이브 기록은 삼성 라이온즈 오승환의 300세이브.
통산 최다 완투는 롯데 자이언츠 윤학길의 100회.

먼저 **통산 최다승**은 한화 이글스에서 선수 생활을 한 송진우의 210승.

통산 최다 탈삼진!

통산 최다승!

통산 최다 탈삼진 역시 송진우의 2,128개.

통산 최다 세이브는 삼성 라이온즈 오승환의 300세이브.

통산 최다 세이브!

통산 최다 완투는 롯데 자이언츠 윤학길의 100회.

통산 최다 완투!

한국 프로야구 최우수선수상

1982년부터 시작된 한국 프로야구에서는 지난 2023년까지
42명의 최우수선수상(MVP) 수상자가 나왔습니다. 투수 17명, 타자 25명.
그 가운데 최다 수상자는 총 5회를 기록한 이승엽입니다.
그 같은 중복 수상을 빼면 단 한 번이라도 최우수선수상을 받은 선수는 32명뿐입니다.
참고로, 한국시리즈 최우수선수상 최다 수상자는 5명입니다.
엘지(LG) 트윈스 김용수와 해태 타이거즈 이종범, 현대 유니콘스 정민태,
삼성 라이온즈 오승환, 두산 베어스와 엔씨(NC) 다이노스에서 활약
양의지가 똑같이 2회씩 수상한 기록을 갖고 있습니다.현대 유니콘스 정민태,
삼성 라이온즈 오승환, 두산 베어스와 엔씨(NC) 다이노스에서
활약한 양의지가 똑같이 2회씩 수상한 기록을 갖고 있습니다.

어린이를 위한 100가지 야구 이야기

재미있고 공부가 되는 어린이 야구 상식

초판 인쇄 2024년 10월 10일
초판 발행 2024년 10월 15일

지은이 콘텐츠랩
펴낸이 진수진
펴낸곳 혜민BOOKS

주소 경기도 고양시 일산서구 대산로 53
출판등록 2013년 5월 30일 제2013-000078호
전화 031-911-3416
팩스 031-911-3417